AF453000

ÉTUDES

sur

LES COUTUMES.

PARIS. — IMPRIMERIE DE COSSON,
rue Saint-Germain-des-Prés, 9.

ÉTUDES

SUR LES COUTUMES,

PAR feu **HENRI KLIMRATH**,

DOCTEUR EN DROIT,

AVEC UNE CARTE DE LA FRANCE COUTUMIÈRE

soigneusement coloriée.

(Extrait du tome VI de la *Revue de Législation et de Jurisprudence.*)

PRIX 5 FRANCS.

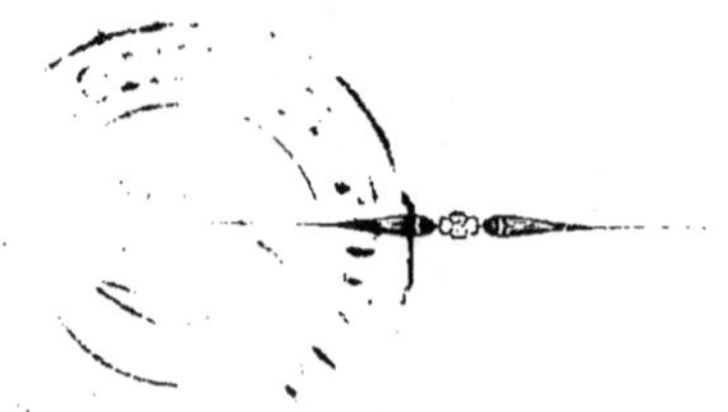

**Au bureau de la Revue de Législation
et de Jurisprudence,**

RUE DES BEAUX-ARTS, 9,

ET CHEZ LEVRAULT, LIBRAIRE-ÉDITEUR,
rue de la Harpe, 84.

—

1837.

ÉTUDES

SUR

LES COUTUMES.

Les coutumes qui régissaient la France avant la révolution offrent à l'historien du droit , sous un double rapport, le plus puissant intérêt. Par leur diversité , elles retracent, mieux qu'aucun autre ordre de faits, la vive image de cette France du moyen-âge , si morcélée dans son territoire, si bigarrée en apparence , parce qu'elle était riche et inépuisable dans les manifestations spontanées de son activité nationale. Par leur unité , au contraire, par l'identité de leur esprit, elles ont pu aspirer à se fondre dans un droit commun consigné dans un texte unique sous la sanction législative ; elles ont pu devenir la source où ont puisé largement les rédacteurs du Code civil.

Cette unité des coutumes , incontestable pour quiconque en a fait une étude approfondie, n'est pas cependant, comme leur diversité , un fait dont l'évidence frappe d'abord les yeux même les moins exercés: elle est obscurcie et voilée sous la multiplicité des formes. Celui qui réussirait à la dégager pure et brillante, ferait , sans contredit, œuvre de jurisconsulte ; car il préparerait les élémens de l'interprétation la plus sûre et la plus large, la plus féconde et la plus scientifique qui se puisse faire du Code civil. Mais l'unité ne peut être dégagée qu'après que la diversité a été reconnue : le but du jurisconsulte ne saurait être atteint qu'après un examen préalable qui satisfait en même temps à la noble et utile curiosité de l'historien.

Chose étrange ! c'est au moment où la tendance à l'unité se déclare que l'étude de la diversité des coutumes, quant à leurs dispositions mêmes et quant aux lieux qu'elles régissent, devient seulement possible. On comprend donc pourquoi j'ai dû circonscrire ce travail dans les limites bien vastes encore des coutumes rédigées officiellement à partir de la seconde moitié du quinzième siècle ; d'autant que je n'osais tenter d'exécuter ici la grande entreprise dont je viens d'indiquer les deux faces principales, et qui ne serait pas indigne d'un Coquille ou d'un Dumoulin. Peut-être y a-t-il quelque utilité à l'ébaucher du moins, et à préparer quelques matériaux, dans ce temps où l'application de l'histoire au droit ne compte encore qu'un si petit nombre de partisans sincères et zélés, qui ne la réduisent pas à un lieu commun sans conséquence.

CHAPITRE PREMIER.

Rédaction officielle des coutumes.

Première période.

Sur la fin de l'époque féodale, alors que la France commençait à se relever des maux que lui avait faits la guerre des Anglais, quelques germes de gouvernement régulier et unitaire, tel que l'ont réalisé les temps modernes, commencent à poindre dans les ordonnances de Charles VII. Celles qu'il rendit à Montil-lès-Tours, en avril 1453, avant Pâques (vieux style), portent à l'article 125 et dernier ce qui suit :

« *Item*. Et que les parties en jugement, tant en nostre court de parlement que pardevant les autres juges de nostre royaume, tant nostres qu'autres, proposent et allèguent plusieurs usages, stiles et coustumes, qui sont divers selon la diversité des pays de nostre royaume, et les leur convient prouver, parquoy les procez sont souventes foys moult allongez, et les parties constituées en grands fraiz et despens ; et que si les coustumes, usages et stiles du pays de nostre dit royaume estoient redigez par escrit, les procez en seroient de trop plus briefz, et les parties soubslevées de despenses et mises, et aussi les juges en jugeroyent mieux et plus certainement (car souventesfois advient que les parties prétendent coustumes contraires en un mesme pays, et aucunes foys les coustumes muent et varient à leur appétit, dont grandz dommages et inconveniens adviennent à nos subjectz). Nous voulans abréger les procez et litiges d'entre nos subjectz, et les relever de mises et dépens, et mettre certai-

neté ès jugemens tant que faire se pourra , et oster toutes matières de variations et contrariétez ; ordonnons et décernons, déclarons et statuons :
que les coustumes , usages et stiles de tous les pays de nostre royaume
soyent redigez et mis en escrit, accordez par les coustumiers , praticiens
et gens de chascun estat desdiz pays de nostre royaume , lesquelz coustumes , usages et stiles ainsi accordez seront mis et escritz en livres , lesquelz seront apportez pardevers nous , pour les faire veoir et visiter par
les gens de nostre grand conseil , ou de nostre parlement , et par nous les
décréter et confermer ; et iceux usages, coustumes et stiles ainsi décrétez
et confermez , seront observez et gardez ès pays dont ils seront, et ainsi
en nostre court de parlement ès causes et procez d'iceux pays ; et jugeront
les juges de nostre dit royaume, tant en nostre court de parlement que noz
baillifs , seneschaux et autres juges , selon iceux usages , coustumes et
stiles , ès pays dont ils seront , sans en faire autre preuve que ce qui sera
escript audit livre ; et lesquelles coustumes , stiles et usages ainsi escritz,
accordez et confermez , comme dict est , voulons estre gardez et observez
en jugement et dehors. Toutesfoys nous n'entendons aucunement déroger
au stile de nostre court de parlement. Et prohibons et defendons à tous
les advocatz de notre royaume qu'ils n'allèguent ne proposent autres coustumes , usages et stiles , que ceux qui seront escriptz , accordez et de-
cretez comme dict est ; et enjoignons ausdictz juges qu'ils punissent et
corrigent ceux qui feront le contraire , et qu'ils n'oyent ne reçoivent aucunes personnes à alléguer, proposer ne dire le contraire. »

L'exécution de cette ordonnance remarquable allait faire
plus que faciliter la connaissance et la preuve des coutumes ; elle allait en changer essentiellement le caractère et
la force obligatoire. A l'autorité de la coutume proprement
dite se substituait l'autorité d'une loi, puisée sans doute
dans l'élément coutumier, mais fixe et inflexible désormais , puisqu'il devait être défendu à tous avocats de proposer et à tous juges d'admettre d'autres coutumes que
celles qui auraient été rédigées officiellement de l'avis des
états sous l'autorité du roi.

Mais cette exécution ne pouvait être immédiate. Les
coutumes , lorsqu'elles seraient rédigées sur les lieux, devaient , avant leur confirmation, être renvoyées au roi ,
afin qu'il les fît voir et visiter par les gens de son grand
conseil ou de son parlement. Il est même douteux qu'un

commencement d'exécution ait eu lieu alors. Toutefois, on ne doit point reléguer cette ordonnance au nombre des injonctions vaines et stériles que le législateur hasarde quelquefois sans les avoir suffisamment mûries et sans se soucier ensuite de ce qu'elles deviennent. Non seulement cette ordonnance de Charles VII fut le fondement de tous les travaux ordonnés, avec beaucoup d'esprit de suite, par les rois ses successeurs pour l'accomplissement du but qu'elle prescrivait ; mais son influence s'étendit au-delà des limites mêmes de l'obéissance du roi, et c'est là qu'elle porta ses premiers fruits.

Dès le 11 mars 1457, le duc de Bourgogne, Philippe-le-Bon, donna à Bruges, sur les remontrances des états du comté de Bourgogne, des lettres-patentes pour la rédaction des coutumes de ce pays ; et c'est sans doute vers le même temps que la rédaction de celles du duché de Bourgogne fut ordonnée aussi à la supplication des états. L'une et l'autre rédaction eut lieu : les coutumes du duché furent confirmées le 26 août 1459 ; celles du comté le 28 décembre de la même année (1).

Quoiqu'on ait affirmé (2) que Louis XI ne fit rien pour la rédaction des coutumes, il est certain, par des lettres patentes de son fils Charles VIII, du 28 janvier 1493 (3), qu'il avait renouvelé l'ordre de rédiger les coutumes et de « les apporter par devers lui à certain jour pour les décréter et en ordonner ainsi qu'il verrait être à faire : ce qui fut lors fait par aucuns baillifs et sénéchaux du royaume ». En effet, nous voyons (4) qu'il en fut délibéré dans une assemblée tenue à Troyes en septembre 1481, en vertu de

(1) Coutumier général, t. II, p. 1169, 1181, 1193, 1203.

(2) *Recueil général des anciennes lois françaises*, par MM. Isambert, Decrusy et Armet, t. XI, p. 458.

(3) Elles se trouvent rapportées aux anciens procès-verbaux de Troyes et de Chaumont, et au procès-verbal de Boulenois.

(4) Ancien procès-verbal de Troyes, Coutum. gén., t. III, p. 269.

cette ordonnance de Louis XI ; et que la même année le bailli de Berry ordonna à son lieutenant de Mehun-sur-Yèvre de mettre par écrit les coutumes du lieu. Ce qui fut fait à Troyes ne s'est point conservé, mais les coutumes du ressort royal de Mehun se trouvent insérées au Coutumier général (1). Ce sont là les seuls faits certains que nous ayons pu constater ; mais il est vraisemblable que d'autres rédactions eurent lieu à la même époque (2), et notamment que les anciennes coutumes de la ville et septaine de Bourges et celles de la ville et châtellenie d'Issoudun, insérées au Coutumier général (3), furent rédigées par les soins de ce même bailli de Berry, qui avait tenu la main à ce que les ordres du roi fussent exécutés à Mehun-sur-Yèvre. C'est sur cette ancienne coutume de Bourges que le plus ancien commentateur des coutumes, *Bœrius*, ou Bohier, président au parlement de Bordeaux, écrivit son commentaire dès 1508, trente ans avant la rédaction de la nouvelle coutume de Berry.

Ces coutumes, qui, avant leur confirmation par le roi n'étaient encore que des projets de rédaction, ne furent point décrétées ; Louis XI, pour nous servir des expressions de son fils dans les lettres déjà citées, « à l'occasion des empêchemens et autres grands affaires qui lors survinrent, ne put bonnement mettre à exécution la délibération par lui prise en cette matière ».

Ce ne fut même pas encore sous Charles VIII, malgré l'impulsion qu'il donna à la rédaction des coutumes par ses

(1) T. III, p. 926 et suiv.

(2) Je n'ose décider s'il faut rapporter ici une ancienne coutume de Poitou que Dumoulin dit, dans une note (Coutum. génér., t. IV, p. 775), avoir été imprimée en 1486, et être presqu'en tout conforme à la rédaction de 1514. Camus, dans la Biblioth. de Droit, mentionne une édition gothique sans date et sans nom d'imprimeur, et une autre aussi gothique imprimée à Paris en 1500.

(3) T. III, p. 905 et 915.

lettres patentes du 28 janvier 1493 et du 15 mars 1497 , qu'aucune d'elles put être décrétée. La mort le surprit au moment où il allait mettre le couronnement à l'œuvre qu'il avait poussée avec une grande vigueur et à quelques égards suivant une direction nouvelle.

Par les premières de ces lettres, données à Montils-lès-Tours (1) , la forme des assemblées et le mode de la rédaction des cahiers furent déterminés, et il fut enjoint aux officiers de lieux d'envoyer au roi ces cahiers en forme due et authentique. Ainsi furent rédigées les coutumes de Chaumont et de Melun , en 1494; de Ponthieu , en 1494 et 1495; de Troyes, en 1494 et 1496; de Sens et de Boulenois, en 1495 ; d'Amiens , en 1496. Les coutumes de Sens et de Ponthieu, décrétées plus tard, et les cahiers des coutumes non décrétées de Troyes, de Chaumont et de Boulenois, sont imprimés dans le Coutumier général (2). Brodeau (3) possédait un manuscrit des coutumes de Montargis rédigées dans cette ville au mois d'avril 1494. Plusieurs autres coutumes, que l'impression n'a point conservées, ont dû être rédigées dans le même temps, puisqu'on voit bientôt après qu'il ne restait plus qu'à les publier. Enfin, c'est à cette époque que trois autres coutumes ont été rédigées sans la participation du roi de France : celle de Hainaut, en 1483 , sous l'empereur Maximilien et Philippe Ier de Castille (4) ; celle de Nivernais et de Donziois, en 1490, par l'autorité du duc de Brabant, comte de Nevers (5); celle de Bourbonnais, en 1493 et 1494, en vertu de lettres du duc Pierre (6). Mais

(1) Coutum. génér., t. I, p. 25; t. III, p. 267 , 371.
(2) Coutum. génér., t. I, p. 25, 84 ; t. III, p. 269, 373, 483.
(3) Note dans le Coutum. génér., t. III, p. 830.
(4) Coutum. génér., t. II, p. 4.
(5) Ratifiée le 28 juin 1494, et imprimée à Paris en 1503 , suivant une note de Dumoulin ; imprimée en 1518 , suivant la Biblioth. du droit de Camus. — *Voy.* Coutum. génér., t. III, p. 1123, note *a* , et p. 1164.
(6) Coutum. génér., t. III, p. 1208 et suiv.

ces deux dernières, pour devenir obligatoires et exclure la preuve par turbes, avaient besoin de la confirmation du roi, aussi bien que les coutumes rédigées directement par son ordre. Car le fait de la conversion des coutumes en loi écrite était de droit royal, comme tout autre acte législatif.

Les coutumes, ainsi rédigées dans les assemblées locales, furent envoyées au roi par les baillis, sénéchaux et autres officiers. Thibaut Baillet, président au parlement de Paris; Guillaume Dauvet, maître des requêtes ordinaire de l'hôtel; Nicole de Hacqueville et Etienne de Poncher, présidens aux enquêtes; Philippe Simon, Guy Arbalêtre et Guillaume de Besançon, conseillers; Jean Lemaître et Guillaume Volant, avocats du roi au parlement, commis par lettres patentes données à Lyon, le 19 janvier 1495 (1), sur le fait des coutumes, en examinèrent les cahiers et en donnèrent leur avis par écrit. Cet avis devait être vu à son tour par le premier président Jean de la Vacquerie, assisté de plusieurs conseillers au parlement et de quelques uns des premiers commissaires. Mais des difficultés s'élevèrent dans cette communication, des lenteurs interminables s'ensuivirent, et le roi, pour y porter remède, ordonna, après la mort de la Vacquerie, par ses lettres d'Amboise, du 15 mars 1497 (2), que toutes les coutumes qui auraient été vues par les premiers commissaires, soit que la communication eût eu lieu ou non, et toutes celles qui seraient vues par eux à l'avenir, seraient immédiatement publiées sur les lieux. Deux d'entre eux devaient se rendre à cet effet dans chaque bailliage, sénéchaussée ou autre juridiction du royaume, y assembler de nouveau les trois états, et accor-

---

(1) Excepté le dernier, Guillaume Volant, qui fut adjoint depuis. *Voy.* Coutum. génér., t. IV, p. 639.

(2) *Voy.* le procès-verbal de l'ancienne coutume de Touraine, à la fin. Coutum. génér., t. IV, p. 639.

der les difficultés qui s'étaient élevées du consentement de ceux-ci ou de la plus grande et saine partie. Les difficultés qui ne pourraient être facilement vidées de la sorte, devaient être rédigées par écrit et renvoyées à la cour de parlement, qui prononçait définitivement dans ce cas (1).

Ces lettres si importantes sont encore remarquables parce qu'on y trouve la première trace du désir de modifier les coutumes en même temps qu'on les rédigeait. On y rappelle que les officiers des lieux chargés de rédiger les coutumes avec les praticiens et les gens des trois états, devaient aussi donner leur avis de ce qu'il leur semblerait y devoir être corrigé, ajouté, diminué ou interprété : disposition qui ne se trouve pas cependant dans les lettres de 1493 qu'on semble vouloir rappeler ici.

Charles VIII renouvela par ses lettres du 2 septembre (2) l'ordre qu'il avait déjà donné aux commissaires de procé der à la publication des coutumes, mais il mourut à Amboise le 7 avril 1497 avant Pâques, et ses lettres restèrent sans exécution. Louis XII, préoccupé d'autres affaires, ne put reprendre aussitôt les erremens de son prédécesseur. Toutefois deux des commissaires, Baillet et de Besançon, se rendirent à Moulins par l'ordre du roi, et y publièrent le 19 septembre 1500 les coutumes de Bourbonnais, rédigées précédemment de l'autorité du duc (3).

Ici finit donc, dans l'histoire de la rédaction officielle des coutumes, la période des travaux préparatoires.

Deuxième période.

Louis XII ne pouvait rester long-temps sans donner la plus sérieuse attention à cette grande entreprise qui répon-

(1) On pouvait aussi appeler au parlement de la décision des commissaires.

(2) *Voy.* les procès-verbaux des anciennes coutumes de Melun et de Sens. Coutum. génér., t. III, p. 427, 483.

(3) Coutum. génér., t. III, p. 1207. — Les coutumes de Faye la Vineuse furent rédigées en 1498.

dait aux idées d'ordre et de régularité sur lesquelles s'appuyait de plus en plus la monarchie, et qui mit fin au moyen-âge, dans la sphère du droit civil, en faisant prédominer la législation par la coutume. Par ses lettres d'édit données à Blois le 4 mars 1505(1), il renouvela les lettres de Charles VIII et en ordonna l'exécution: les commissaires établis par son prédécesseur sur le fait des coutumes, furent confirmés par lui, en substituant toutefois Christophe de Carmone, président au parlement, Germain Chartelier, conseiller, Jacques Olivier, avocat du roi, et le procureur général Jean Burdelot, à Hacqueville, Poncher, Simon et Volant, décédés, ou pourvus d'autres emplois. Il fut enjoint à ces commissaires de voir les coutumes qui ne l'auraient pas été encore et de publier toutes celles qui auraient été vues, suivant la forme prescrite par Charles VIII. Enfin, comme dans quelques bailliages, sénéchaussées et autres pays et juridictions, les coutumes n'avaient point encore été rédigées et rapportées devant le roi, ou, si elles l'avaient été, ne se retrouvaient point, les commissaires eurent ordre d'enjoindre aux officiers des lieux de procéder à cette rédaction dans le délai de deux mois au plus après la réception des commissions qui leur seraient envoyées par le roi et par les commissaires.

Grâce aux dispositions de ces lettres, ce grand travail fut repris avec une activité nouvelle, et à Louis XII appartient la gloire d'avoir doté le royaume des premières coutumes rédigées officiellement et revêtues de la sanction du législateur.

L'exécution des lettres de 1505 embrasse deux ordres de faits, la rédaction des coutumes qui ne l'avaient point été encore, et la publication des coutumes rédigées. Cette même année 1505, les coutumes du Perche furent rédigées en vertu de lettres spéciales du roi, envoyées au duc d'Alençon, comte du Perche, et du mandement de la duchesse

(1) Coutum. génér., t. IV, p. 638.

donairiaire d'Alençon, ayant le bail du duc son fils (1). Les coutumes de Bar-le-Duc furent rédigées en 1506 (2). L'année suivante, une assemblée fut tenue à Tours pour rédiger d'une manière plus complète qu'elles ne l'avaient été précédemment les coutumes de la province (3). Les coutumes générales d'Amiens et beaucoup de locales de Picardie et d'Artois (4), celles de Gerberoi (5), de Péronne (6) et d'Auxerre furent aussi rédigées en 1507 (7).

Par suite de ces travaux préparatoires et de ceux du règne précédent, il y avait un grand nombre de coutumes qu'il ne restait plus qu'à publier. Leur publication fut successivement ordonnée par de nouvelles lettres du 25 mai 1506, pour les coutumes de Paris, Meaux, Melun, Montargis et Sens (8); du 2 avril de la même année, avant Pâques, pour celles de Chartres, d'Orléans, de Touraine, d'Anjou et du Maine (9); du 2 septembre 1508 pour celles de Chartres, d'Anjou et du Maine, à cause de la surannation des précédentes avant leur pleine exécution (10); du 18 septembre 1509 pour celles d'Orléans, de Vitry, de Chaumont et de Troyes (11); enfin, du 21 janvier 1510, pour celles de Paris (12).

(1) Coutum. génér., t. III, p. 633.

(2) Coutum. génér., t. II, p. 1018.—Il y eut aussi en 1506 une assemblée à Senlis. *Ibid.*, p. 737.

(3) Coutum. génér., t. IV, p. 599.

(4) Coutum. génér., t. I, p. 113 et passim.

(5) Coutum. génér., t. I, p. 222.

(6) Coutum. génér., t. II, p. 593.

(7) Celles d'Auxerre l'avaient même été en partie dès avant. *Voy.* le procès-verbal de l'anc. cout. d'Auxerre, Coutum. génér., t. III, p. 587.

(8) Coutum. génér., t. III, p. 427.

(9) Coutum. génér., t. IV, p. 628.

(10) Coutum. génér., t. III, p. 727. Il y a aussi de nouvelles lettres générales de même date. *Ibid.*, p. 732.

(11) Coutum. génér., t. III, p. 255, 328, 363, 761. Lettres générales de même date. *Ibid.*, p. 772.

(12) Coutum. génér., t. III, p. 16. Lettres générales de même date. *Ibid.*, p. 26.

La publication des coutumes de Melun et de Sens eut lieu en effet en 1506 par les commissaires Baillet et de Besançon (1). Carmone et Cartelier commencèrent la même année la publication des coutumes de Ponthieu rédigées dès 1495; mais elles ne furent décrétées, ainsi que les coutumes d'Amiens, qu'en 1507 par Carmone et de Besançon, substitué à Cartelier en son absence (2). Cette même année 1507, la coutume de Touraine fut publiée par Baillet et Burdelot (3); en 1508, celles de Chartres et Dreux, d'Anjou et du Maine par Baillet et par Jean Lelièvre, conseiller au parlement, nouvellement commis sur le fait des coutumes ainsi que Roger Barme, avocat du roi (4). Baillet et Barme publièrent en 1509 les coutumes de Troyes, Vitry, Chaumont et Meaux (5), et en 1510 celle de Paris (6). Deux autres commissaires, Étienne Buynard, conseiller au parlement, et Guillaume Roiger procureur général, avaient procédé en 1509 à la publication de celles d'Orléans (7). Après la publication des coutumes, et le décret, qui se faisait ordinairement en même temps, les commissaires en rapportaient le cahier et le procès-verbal au parlement, et laissaient un double sur les lieux. Les coutumes apportées au parlement, y étaient déposées au greffe, et celles qui n'y avaient point été reçues, n'étaient admises en parlement qu'à titre de renseignement, quoiqu'elles fussent observées dans les tribunaux du pays du jour de leur publication. La publication des coutumes d'Auxerre paraît avoir eu lieu (8), quoique

(1) Coutum. génér., p. 427, 504.

(2) Coutum. génér., t. I, p. 103, 136.

(3) Coutum. génér., t. IV, p. 621.

(4) Coutum. génér., t. III, p. 726; t. IV, p. 519, 584. *Voy.* la commission de Lelièvre et Barme. *Ibid.*, t. III, p. 727.

(5) Coutum. génér., t. III, p. 254, 327, 361, 398.

(6) Coutum. génér., t. III, p. 15.

(7) Coutum. génér., t. III. p. 759.

(8) Cela semble résulter des lettres de Henri II, pour la rédaction de la nouvelle coutume d'Auxerre. Coutum. génér., t. III, p. 611.

l'acte s'en soit perdu. Les coutumes de Montargis, quoique rédigées depuis long-temps , ne furent publiées que beaucoup plus tard, et il ne paraît pas que celles du Perche, de Péronne, de Gerberoi, et de Bar-le-Duc, quoique, insérées au Coutumier général , aient été décrétées , non plus que celles de Chauny, rédigées et accordées en 1510 (1).

Cette même année 1510 furent rédigées et publiées les coutumes d'Auvergne. Le mandement qui, dès le règne de Charles VIII , avait été adressé au bailli de Montferrand pour la rédaction de cette coutume , était resté sans exécution, et un autre mandement adressé par Louis XII à la duchesse de Bourbonnais et d'Auvergne ne servit qu'à faire naître un différend entre le procureur du roi en Auvergne et le procureur de la duchesse , chacun d'eux prétendant que la rédaction des coutumes était de sa compétence. Par des lettres du 19 décembre 1508, Louis XII commit le premier président, depuis chancelier Duprat, et les conseillers au parlement Louis Dorille et Jean Briçonnet , pour procéder eux-mêmes tant à la rédaction qu'à la publication des coutumes d'Auvergne. L'une et l'autre n'eurent lieu toutefois qu'en 1510 , après que de nouvelles lettres eurent été données à cause de la surannation des premières , et que le conseiller Louis Picot eut été substitué à ses deux collègues (2). L'arrêt d'autorisation des coutumes d'Auvergne fut donné par le parlement le 1er mars 1510.

Sur la fin du règne de Louis XII, les coutumes de La Rochelle, Angoumois et Poitou furent rédigées en 1514 , et publiées la même année par les commissaires Baillet et Barme (3). Le lieutenant-général du bailliage de Saint-Pierre-le-Moutier , maître Guillaume Bourgoin commença aussi en 1514 à rédiger les coutumes du bailliage , mais

(1) Coutum. génér., t. 1, p. 222 (Gerberoi); t. II, p. 593 (Péronne) ; 663 (Chauny), et 1015 (Bar-le-Duc); t. III, p. 633 (Perche).

(2) Coutum. génér., t. IV, p. 1214 et suiv.

(3) *Voy.* ces coutumes, Coutum. génér., t. IV.

cette rédaction , attestée par une note de Dumoulin et par le procès-verbal de la coutume de Nivernais (1), resta sans être homologuée. Enfin c'est en 1514 que le premier président Mondot de la Marthonnie et le conseiller Compagnet d'Armandarits furent commis par le roi à la rédaction et publication des coutumes du ressort du parlement de Bordeaux. Mais ils ne firent rédiger que les coutumes de la sénéchaussée de Lannes, savoir : les coutumes de Saint-Sever, Dax, Bayonne, Labour, et vraisemblablement aussi celles de Marsan, Tursan et Gabardan (2). François Ier commit plus tard François Belcier, premier président au parlement de Bordeaux , à la publication des coutumes de Bordelais , Saintonge et Bazadois. Belcier ne publia les coutumes de Bordeaux qu'en 1521 (5) ; tandis que d'autres commissaires , savoir: le président Bohier , le conseiller la Chassaigne , et l'avocat général Consinier, qui lui avaient été substitués pour le Bazadois et la Saintonge , publièrent les coutumes de cette dernière province au siége de Saint-Jean-d'Angeli, dès l'année précédente (4). Le conseiller Dibarolla publia aussi en 1520 les coutumes du pays de Soule (5).

Le changement de règne occasiona aussi quelques retards dans la rédaction et publication des coutumes du ressort du parlement de Paris. Les coutumes de Loudunois, rédigées par ordre de Louis XII , ne furent publiées qu'en août 1518, par Charles de la Mothe, conseiller ordinaire du roi en son grand conseil, en vertu de nouvelles lettres de François Ier, données le 25 janvier de l'année précédente (vieux style) (6). Le 7 août 1520, François Ier donna, à la de-

---

(1) Coutum. génér., t. III, p. 1123 et 1169.

(2) *Voy.* ces coutumes dans le Coutum. gén., t. IV, et le procès-verbal des coutumes de Saint-Jean-d'Angely, *Ibid.*, p. 863.

(3) Coutum. génér., t. IV, p. 889.

4) Coutum. génér., t. IV, p. 863-864.

(5) Coutum. génér., t. IV, p. 979 et 1001.

(6) Coutum. génér., t. IV, p. 711 et 738.

mande de la duchesse de Bourbonnais et d'Auvergne, comtesse de la Marche, des lettres adressantes à Roger Barme, président, et Nicole Brachet, conseiller au parlement, pour la réformation des coutumes de Bourbonnais et la publication de celles de la Marche : ces dernières avaient été rédigées dans plusieurs assemblées; quant à celles de Bourbonnais, plusieurs articles avaient été omis dans la première rédaction, et, en en faisant la publication, on avait négligé d'interdire aux avocats et aux parties de poser d'autres coutumes que celles contenues dans le livre coutumier. Barme et Brachet s'acquittèrent de leur double commission aux mois de mars et avril suivans, tant avant qu'après Pâques (1520 et 1521) (1). C'est en 1523 que le même Barme, assisté cette fois de Jean Prevôt, conseiller au parlement, publia les coutumes de Blois tant générales que locales, en vertu de lettres du 26 février précédent (1522). Barme, étant mort avant d'avoir pu signer les procès-verbaux des coutumes de la Marche et de Blois, qu'il avait fallu mettre au net, le parlement commit le président Antoine Leviste pour les signer en son lieu et place (2).

Les commissaires André Guillard et Jacques Allegrin, conseillers au parlement, révisèrent et publièrent en 1531 les coutumes de Montargis, rédigées sous Charles VIII (3); le même Guillard, devenu maître des requêtes de l'hôtel du roi, et Nicole Thibault, procureur général, publièrent, en 1539, les coutumes de Senlis, de Clermont en Beauvaisis et de Valois (4). Cette même année, le premier pré-

---

(1) Coutum. génér., t. III, p. 1283; t. IV, p. 1435. — Les coutumes nouvellement introduites et les abrogations de coutumes anciennes, consenties par les états de la Marche et du Bourbonnais, mais dont les commissaires avaient réservé la confirmation au roi, furent autorisées par lettres du 13 mars 1521. *Ibid.*, t. III, p. 1302; t. IV, p. 1146.

(2) Coutum. génér., t. III, p. 1099, 1100, 1118.

(3) Coutum. génér., t. III, p. 836.

(4) Coutum. génér., t. II, p. 733, 777, 811. On prit pour base de la ré-

sident Pierre Lizet et le conseiller au parlement Pierre Ma-
thé procédèrent à la rédaction et publication des coutumes
de Berry, en vertu de lettres données le 25 mars 1528,
à la demande de la duchesse de Berry. Les lettres d'homologation de ces coutumes sont du 5 janvier 1539, et un
arrêt du parlement du 8 juin 1540 jugea une partie des difficultés que les commissaires n'avaient pu vider lors de la
publication (1). Plusieurs coutumes locales de Berry et de
Lorris furent rédigées par les officiers des lieux en 1534
et 1539 (2). C'est aussi en 1534 que la coutume de Nivernais fut définitivement rédigée et publiée par les conseillers
au parlement Louis Rouillart et Guillaume Bourgoin, commis par le roi à la demande de la comtesse de Nivernais :
car les rédactions antérieures (3) n'avaient pas été décrétées en due forme, et on avait continué à se pourvoir par
preuve de témoins en turbe.

Enfin, la dernière coutume rédigée sous le règne de
François Ier fut celle de Bretagne en 1539. La publication
eut lieu à Nantes, les 21, 22 et 23 octobre, en vertu de
lettres patentes données le 16 août précédent par François Ier, comme père, légitime administrateur et usufruc-
tuaire du dauphin, duc et seigneur propriétaire de Bretagne. Les commissaires étaient François Crespin, président
au parlement de Rennes, Nicole Quélain, président des
enquêtes à Paris, Martin Ruzé, conseiller au parlement de
Paris, Pierre d'Argentré, sénéchal de Rennes, et Pierre
Marec, maître des requêtes de Bretagne, tous conseillers
au parlement de Bretagne (4).

daction des coutumes de Valois, le cahier ancien desdites coutumes, dressé
à une époque inconnue. Procès-verbal, p. 814.

(1) Coutum. génér., t. III, p. 972, 988, 999.

(2) *Foy.* ces coutumes, Coutum. génér., t. III.

(3) Il y en avait deux, celle de 1490, et une autre faite en vertu des lettres de Charles VIII et Louis XII, sans parler de celle de Saint-Pierre-le-
Montien. *Foy.* le procès-verbal. Coutum. génér.,t. III, p. 4464.

(4) Coutum. génér., t. IV, p. 333.

Le rival de François Ier, l'empereur Charles-Quint, fut ainsi son émule pour la rédaction des coutumes. Il avait hérité des domaines de la maison de Bourgogne dans les Pays-Bas, et la souveraineté de l'Artois, dont il était déjà propriétaire, avait dû lui être cédée par le traité de Madrid (1525). Il rendit en 1531 une ordonnance pour la rédaction de toutes les coutumes dans ses *pays de Par-Deçà* (1). En conséquence, les coutumes de la ville de Lille, les générales de Hainaut et les particulières du ressort de Mons, furent confirmées en 1533 ; celles d'Ypres et de Malines le furent en 1535, et plusieurs coutumes locales d'Artois furent rédigées cette même année (2). Les coutumes générales de cette province avaient été rédigées et accordées dans l'assemblée des états, dès 1509, « sous l'autorité de l'archiduc d'Autriche, comte de Flandre et d'Artois, du temps que ces comtés étaient encore, selon leur ancienne origine, du ressort du parlement de Paris (3)». Mais ces coutumes n'avaient point été décrétées ; elles le furent, avec quelques additions et changemens, en 1540, par un *placard* d'homologation de Charles-Quint. Une nouvelle rédaction de ces coutumes générales fut confirmée et publiée en 1544, sans préjudice toutefois des coutumes locales (4). Les coutumes de Valenciennes et de Grandmont (en Flandre) furent confirmées en 1540, celles de la ville de Saint-Pol en 1548, le style de cette ville en 1550, les coutumes de Tournay et de Renaix en 1552. Ces coutumes, rédigées sur les lieux, étaient examinées d'abord par le conseil de la province, puis par le grand conseil, et enfin publiées de nouveau sur les lieux après leur confirmation par les lettres patentes de l'empereur.

(1) *Voy.* Coutum. génér., t. I, p. 253.

(2) Celles du pays de l'Aleue furent déclarées en 1543. *Voy.* toutes ces coutumes et les suivantes, Coutum. génér., t. I et II.

(3) Coutum. génér., t. I, p. 243.

(4) Coutum. génér., t. I, p. 253, 255.

Troisième période.

Il est temps de revenir aux coutumes rédigées par l'autorité des rois de France depuis la mort de François Ier jusqu'à l'avénement de Henri IV. Dans cette nouvelle période on voit bientôt, aux coutumes publiées pour la première fois, se joindre la réformation de celles qui avaient été une fois déjà non seulement rédigées, mais publiées et décrétées en due forme.

L'ancienne coutume de Boulenois n'avait point été publiée comme il appartenait (1); elle fut rédigée de nouveau et publiée en 1550, par Nicolas Dupré, maître des requêtes de l'hôtel, et Jean Aymery, lieutenant du sénéchal de Boulenois, en vertu de lettres patentes du roi Henri II, données le 1er août de cette année. La rédaction des coutumes de Châteauneuf en Thimerais avait été commencée en vertu de lettres du 17 novembre 1547; de nouvelles lettres du 14 août 1552 ordonnèrent à Antoine du Lion, Robert de Harlay, conseillers au parlement, et Christophe de Hérouard, lieutenant général au bailliage de Chartres, de reprendre les travaux commencés; et la publication de ces coutumes eut lieu la même année (2). Les coutumes de Béarn furent rédigées en 1551, et autorisées la même année par les lettres patentes de Henri, roi de Navarre et seigneur de Béarn (3).

C'est en 1555 que se trouve le premier exemple d'une coutume véritablement nouvelle et réformée : toutefois ce fut une circonstance fortuite qui motiva cette réformation, et non le désir d'apporter aucun changement aux dispositions mêmes de la coutume, quoique des changemens de cette nature dussent aisément en résulter ensuite. C'est aussi à partir de cette année que l'on voit le président Christophe

(1) Procès-verbal de la nouvelle coutume, dans le Coutum. génér., t. I, p 74.
(2) Coutum. génér., t. III, p. 692.
(3) Coutum. génér., t. IV, p. 1074.

de Thou, occupé pendant 25 ans, comme principal commissaire, de la rédaction et de la réformation des coutumes.

Les lettres patentes du 17 août 1555 (1) nous apprennent que le procès-verbal des anciennes coutumes de Sens avait été perdu et adiré, de sorte qu'il n'y avait aucun moyen de constater d'une manière authentique les articles de ces coutumes qui avaient été accordés ou discordés par les états lors de leur publication, et de résoudre les autres difficultés que l'interprétation de ces coutumes pouvait faire naître. On avait donc été contraint, comme par le passé, de vérifier les articles de coutumes par turbes de témoins, ce qui avait fait continuer tous les abus et inconvéniens auxquels la rédaction des coutumes et leur conversion en lois devaient porter remède. Ces lettres patentes chargeaient en conséquence le président de Thou, le conseiller au parlement Barthélemy Faye et l'avocat du roi Gilles Bourdin, de procéder à une nouvelle rédaction et publication des coutumes de Sens, ce qui eut lieu en effet au mois de novembre de cette même année.

Il fut ordonné aux mêmes commissaires, par lettres du 19 août 1556, de publier les coutumes de Vermandois, de Montfort, Mantes, Meulan et Étampes, qui n'avaient pas été rédigées encore, celles de Poitou et d'Auxerre, déjà rédigées, mais dont les procès-verbaux avaient été perdus, et généralement toutes celles des provinces et siéges ressortissant au parlement de Paris (2). Par autres lettres du 15 septembre de la même année, le conseiller au parlement Jacques Viole fut substitué à Bourdin, retenu à Paris pour les affaires du roi (3). Les commissaires de Thou, Faye et Viole publièrent en 1556 les coutumes d'Étam-

(1) *Voy.* le procès-verbal des nouvelles coutumes de Sens, Coutum. génér., t. III, p. 530.

(2) Coutum. génér., t. II, p. 539.

(3) Coutum. génér., t. II, p. 540.

pes , de Montfort, de Mantes et Meulan (1), de Vermandois et de Dourdan , et en 1558 , celles du Grand-Perche , en vertu de nouvelles lettres spéciales du 8 août de la même année (2).

Les lettres de Henri II, du 12 février 1558 portent que les coutumes du Maine , d'Anjou et de Touraine, avaient été déjà rédigées précédemment , mais que les procès-verbaux étaient chargés de plusieurs renvois à la cour de parlement (3), et que plusieurs différends étaient nés sur l'interprétation des articles ; ce qui obligeait de procéder par turbes ; et que dans d'autres provinces, notamment au bailliage de Melun , il s'était trouvé plusieurs coutumes dures , iniques et déraisonnables. En conséquence, les mêmes commissaires devaient se rendre dans les villes de Melun, du Mans , Tours , Angers , Poitiers, La Rochelle , Loudun , Auxerre et autres, pour y rédiger de nouveau les coutumes (4). La mort de Henri II survint avant l'exécution de ses lettres , et malgré leur renouvellement par François II, en date du 24 juillet 1559 (5), les coutumes du Maine, d'Anjou , de La Rochelle et de Loudunois ne furent point réformées depuis leur première rédaction des années 1508, 1514 et 1518. Les nouvelles coutumes de Touraine et de Poitou furent publiées par de Thou, Faye et Viole en 1559 , celles de Melun en 1560 et celles d'Auxerre en 1561 (6). Pour les coutumes d'Auxerre, il y avait eu de nouvelles lettres de Charles IX, données le 5 janvier et le 29 mars 1560, avant Pâques ; ces dernières

(1) C'est la nouvelle coutume ; il y a un Coutumier de Mantes plus ancien , sans date.

(2) Coutum. génér., t. II, p. 539 ; t. III , p. 106, 132, 154, 196, 661

(3) A cause des difficultés élevées lors de la rédaction.

(4) *Foy.* ces lettres, Coutum, génér., t. III, p. 458.

(5) Coutum. génér., t. III, p. 459.

(6) Coutum. génér., t. III, p. 458 et 610 ; t. IV, p. 675, 818.

renouvelaient aussi les lettres des 1er juillet et 13 septembre de la même année (1), par lesquelles François II avait ordonné la publication des coutumes de Péronne, Montdidier et Roye, non encore arrêtées (2), et la réformation de celles d'Amiens. Les coutumes de Péronne et celles d'Amiens furent publiées en 1567, par les commissaires de Thou, Faye et Viole (3). C'est encore en 1567, que le bailli souverain d'Ardres, en vertu de la commission du bailli d'Amiens, avait rédigé, dans une assemblée des états et des praticiens, les coutumes du comté de Guines, pour les rapporter ensuite devant les commissaires chargés de décréter les coutumes générales et locales du Bailliage d'Amiens. On ne voit pas que ces coutumes de Guines aient jamais été décrétées (4).

C'est enfin sous Charles IX que les coutumes du duché de Bourgogne, rédigées dès 1459 par l'autorité du duc de Bourgogne, furent réformées et interprétées par ordre du roi. Le président au parlement de Dijon, Jean de La Guesle, aidé de quelques conseillers, s'était occupé de cette réformation, en vertu de lettres de 1562 et 1567; mais ayant été appelé à Paris en qualité de procureur général, de nouvelles lettres du 12 avril 1570 chargèrent Fiacre Hugon de La Reynie, président, Jacques de Vintimille et Jean Begat, conseillers au parlement de Dijon, d'achever le travail commencé par lui, et de tenir l'assemblée des états qui eut lieu cette même année pour la réformation de la coutume. L'arrêt d'homologation fut rendu par le parlement de Dijon le 15 décembre 1575 (5).

(1) *Voy.* toutes ces lettres, Coutum. génér., t. I, p. 200; t. II, p. 643; t. III, p. 612.

(2) L'ancienne coutume de Péronne n'est qu'un projet, et n'avait pas été décrétée. *Voy.* Dumoulin et Ricard sur la nouvelle. Coutum. génér., t. II, p. 627.

(3) Coutum. génér., t. I, p. 200; t. II, p. 642.

(4) Coutum. génér., t. I, p. 236.

(5) Coutum. génér., t. II, p. 1182.

Charles IX accorda encore des lettres patentes pour la rédaction des coutumes de la ville de Metz et du pays Messin, sur la plainte que lui portèrent, en 1569, les trois Etats, de ce que, sous prétexte de débrouiller en quelque sorte la confusion que le siége de 1552 avait produite, certaines ordonnances avaient été publiées par le maître échevin, le conseil et les treize; ordonnances dont l'observation anéantissait les anciennes coutumes de la ville et du pays (1). Mais ces lettres ne reçurent alors aucune exécution, non plus que les nouvelles lettres de Henri III, données en 1578.

Le règne de Henri III, vit la rédaction ou la réformation de quelques coutumes importantes. Les lettres du 12 mai 1575 ordonnèrent la réformation de la coutume de Bretagne, à cause de l'obscurité de l'ancienne. Plusieurs assemblées préparatoires eurent lieu cette année même; mais les guerres civiles obligèrent de remettre jusqu'en 1580 l'assemblée des Etats où devait se faire la publication définitive. Elle fut tenue au mois de mai, en vertu de nouvelles lettres du 6 avril, par les commissaires René de Bourgneuf, premier président, Pierre Brullon et Bertrand Glé, conseillers au parlement de Bretagne, Nicolas Alixant, président aux enquêtes dudit parlement, et d'Argentré, sénéchal de Rennes (2).

La coutume de Normandie n'avait jamais été consignée que dans l'ancien grand Coutumier, remontant au treizième siècle, et qui, outre qu'il n'était revêtu d'aucune autorité législative, contenait beaucoup de dispositions tombées en désuétude, et ne donnait aucun éclaircissement sur les usages introduits depuis trois siècles (3). La rédaction officielle des coutumes de cette grande province fut enfin ordonnée par les lettres du 22 mars 1577. Plusieurs assem-

(1) Coutum. génér., t. II, p. 395.
(2) Coutum. génér., t. IV, p. 418.
(3) Coutum. génér., t. IV, p. 411,

blées préparatoires eurent lieu, tant à Rouen que dans les diverses localités, avant que la publication pût avoir lieu à Rouen, en 1583. Les commissaires étaient Jacques de Bauquemare, premier président, Hemery Bigot, premier avocat du roi et plus tard président, Robert le Roux et Marian de Martimbos, conseillers au parlement de Normandie, enfin Guillaume Vauquelin, qui remplaça Bigot dans les fonctions de premier avocat du roi. Ces coutumes générales de Normandie furent homologuées par arrêt du conseil du 7 octobre 1585 et par lettres patentes du 14 octobre suivant (1). Les coutumes locales de Normandie furent rédigées en 1586 (2).

Dès avant avait eu lieu la réformation de la coutume de Paris en 1580, par les commissaires de Thou, premier président, Claude Anjorrant, Mathieu Chartier, Jacques Viole et Pierre de Longueil, conseillers au parlement, en vertu de lettres du 15 décembre 1579; et la réformation de la coutume d'Orléans en 1583, par Achille de Harlay, premier président, Jacques Viole et Nicolas Perrot, conseillers au parlement, en vertu de lettres du 15 mars de la même année (3). La rédaction des coutumes du comté d'Eu avait eu lieu aussi en 1580 par le lieutenant particulier de la sénéchaussée de Ponthieu, sous-délégué des commissaires de Thou, Larcher et Vignolles, président et conseillers au parlement, et en vertu des lettres données par Henri III, à la demande du duc de Guise, comte d'Eu (4). Les coutumes de Calais et des Pays Reconquis, furent publiées en 1585 par Barnabé Brisson, président au parlement, et Antoine Jacomel, président et juge général de la justice de Calais (5).

(1) Coutum. génér., t. IV, p. 127.
(2) Coutum. génér., p. 129.
(3) Coutum. génér., t. III, p. 56 et 808.
(4) Coutum. génér., t. IV, p. 166.
(5) Coutum. génér., t. I, p. 18.

Avec le règne de Henri III, s'arrête, ou peu s'en faut, le grand travail de la rédaction officielle des coutumes de France. Sous Henri IV et ses successeurs, il n'arriva plus que rarement qu'une coutume fût rédigée, quoiqu'il s'en fallût de beaucoup qu'elles eussent été rédigées et réformées partout où il en était besoin. En 1600, le titre des exécutions de la coutume de Normandie fut réformé (1). En 1609, les coutumes de Chauny furent rédigées de nouveau et cette fois publiées : des lettres patentes de Louis XIII les confirmèrent en 1611, et elles furent enregistrées au parlement en 1614 (2).

Henri IV avait donné de nouvelles lettres patentes pour la rédaction des coutumes de Metz, sur la demande réitérée par les États dans leur assemblée du 29 novembre 1602. Mais la rédaction ne fut terminée que plus tard, et la convocation des Etats pour la publication des coutumes eut lieu en 1611, en vertu de lettres de Louis XIII. Les coutumes ainsi rédigées furent imprimées d'autorité publique à Metz, en 1613 (3). Les coutumes locales de Châteaumeillant furent rédigées en 1648 (4). Les coutumes de Thionville en 1661 (5) ; quelques coutumes du pays de l'Aleue et celles de Richebourg-Saint-Vaast en 1669 ; celles de Bapaume et de Richebourcq-l'Advoyé en 1670 (6). Les coutumes de Toul et de Verdun furent confirmées par lettres patentes de 1746. Enfin des coutumes de Barége et de quelques autres vallées et seigneuries dépendant du comté de Bigorre, furent rédigées en 1768 (7).

Il ne nous reste plus à parler que d'un certain nombre de coutumes de France et des Pays-Bas rédigées après le

(1) Coutum. génér., t. IV, p. 143.
(2) Coutum. génér., t. II, p. 691 et suiv.
(3) Coutum. génér., t. II, p. 395 et 410.
(4) Coutum. génér., t. III, n. 995.
(5) Coutum. génér., t. II, p. 355.
(6) Coutum. génér., t. I, p. 377, 391, 452.
(7) Bibl. de droit de Camus.

milieu du seizième siècle d'une manière indépendante de l'autorité des rois de France, par les rois d'Espagne et archiducs d'Autriche, par les ducs de Lorraine et de Bar, par les évêques de Metz, de Liége et de Cambrai, par les princes souverains de Bouillon et de Sedan.

Après l'abdication de Charles-Quint, Philippe II, roi d'Espagne, avait continué de faire rédiger et de confirmer les coutumes des pays de Par-Deçà qui ne l'avaient pas été encore : celles de Courtrai le furent en 1557, celles de Saulty en 1561, de Gand et de Ninove en 1563, de Namur en 1564, de la Salle de Lille en 1565, de Ham en 1570, du pays de l'Angle et 1586, de Binch en 1589 (1). Les archiducs Albert et Isabelle-Claire-Eugénie, infante d'Espagne, rendirent en 1611 leur édit perpétuel (2), dont l'article premier ordonnait de nouveau que toutes les villes et châtellenies qui, depuis 1540, avaient négligé d'obtenir le décret et homologation de leurs coutumes, les fissent rédiger, afin qu'après avoir été examinées successivement par le conseil de leur province et par le conseil privé des archiducs, elles fussent confirmées par ceux-ci. Dès avant, de nouvelles coutumes du pays de l'Angle et celles de Nyelles-lès-Boulenois, avaient été rédigées en 1601, celles d'Estaires en 1605. Celles du pays de l'Aleue, d'Ostende et de Nivelle, le furent en 1611, celles de la ville de Saint-Omer, d'Escoult, de Chimay, de Mazengarbe et de Desseldonk en 1612, celles de Cassel en 1613, de Bourbourg, de Furne et d'Oudenarde en 1615, de Nieuport en 1616, d'Orchies et de Bergues-Saint-Winox en 1617, d'Alost et de Waes en 1618, de la ville de Bruges, du Franc, d'Ecloo, d'Assenède, de la ville d'Ypres, ainsi que les nouvelles coutumes de Hainaut et de Valenciennes, en 1619 ; enfin celles de Poperingue en 1620. La plupart de ces coutumes furent

(1) *Voy.* toutes ces coutumes et les suivantes, Coutum. gén., t. I et II.
(2) Coutum. généy., t. I, p. 459.

aussi confirmées par les archiducs. Philippe IV, roi d'Espagne, poursuivit l'exécution de l'édit perpétuel de 1611. Il confirma les coutumes de Lessines en 1622, de Luxembourg en 1623, de Rousselare en 1624, de la Gorgue en 1626, de Hesdin et de Douai en 1627, de Termonde en 1628 et 1629, de Bouchaute en 1630, de Saint-Pol en 1631, de Bailleul en 1632. Enfin, les coutumes de la cour féodale de Bruges furent confirmées beaucoup plus tard, en 1667, par Charles II, roi d'Espagne.

Dans les Pays-Bas se trouvait comme enclavé le temporel de l'archevêché de Cambrai et de l'évêché de Liége. L'archevêque duc de Cambrai, Louis de Berlaymont, fit rédiger et publier en 1574 les coutumes du Cambrésis. Ernest, évêque de Liége et duc de Bouillon, publia en 1582 des ordonnances et statuts sur le réglement de la justice en son pays de Liége ; un de ses successeurs, Ferdinand, fit rédiger en 1628 les coutumes du duché de Bouillon, et en 1642 celles de Liége. C'est en 1568, que les coutumes de la principauté de Sedan furent rédigées par ordre de Henri-Robert de la Marck, duc de Bouillon et seigneur souverain de Sedan. Les coutumes de l'évêché de Metz furent rédigées en 1601.

Le concordat passé en 1571 entre le roi Charles IX et le duc Charles de Lorraine, accordait au duc de Lorraine le pouvoir de faire dans le duché de Bar des ordonnances, coutumes et styles de justice, à la charge de l'appel (1). Cette même année 1571, le duc Charles décerna commission pour convoquer les états des bailliages de Bar-le-Duc, Saint-Mihiel, Clermont en Argonne et Bassigny (2), afin de procéder à la rédaction des coutumes de ces divers bailliages ; celles de Clermont furent rédigées dès cette année-là même; celles de

____

(1) *Voy.* ce concordat et l'ordonnance du 8 août 1575, pour l'éclaircissement dudit concordat. Contum. génér., t. II, p. 1040 et 1041.

(2) Coutum. génér., t. II, p. 869, 1031, 1150, 1058.

Bar en 1579, celles de Bassigny en 1580, celles de Saint-Mihiel en 1598. Des additions furent faites à cette dernière en 1607, et homologuées par le duc Henri, en 1609 (1). Les coutumes de Lorraine avaient été rédigées en 1594, celles de Gorze et de Marsal le furent en 1624 et 1627 (2).

Au terme de cette longue histoire de la rédaction officielle des coutumes de France, que le désir de nous resserrer dans les limites les plus étroites possibles nous a obligé de laisser dégénérer quelquefois en une assez aride nomenclature, quelques observations générales feront mieux ressortir encore le résultat indiqué en commençant, je veux dire la fixation précise tant des dispositions des diverses coutumes que des limites de leur territoire.

La Thaumassière a observé que toutes les coutumes, dans le Berry, étaient originairement locales : cette remarque, bien comprise, peut s'appliquer avec non moins de vérité à la France entière. Or la coutume a beau, dans son application locale et de chaque jour, offrir une certitude que la législation écrite n'égale pas toujours et surpasse rarement : pour le jurisconsulte postérieur, qui ne vit plus de la vie de l'époque et de la localité, pour l'historien du droit qui ne peut embrasser que les grandes masses, l'insuffisance des monumens et l'autorité toute particulière et locale de ceux qui subsistent, ne permettraient plus de retracer avec une certitude et une précision complètes la vive image des diversités coutumières, si la rédaction officielle n'était venue les fixer.

Dès avant la rédaction officielle des coutumes, leurs dispositions avaient été consignées dans de nombreux et précieux documens. Indépendamment de Pierre de Fontaines, des Etablissemens, de Beaumanoir et de quelques autres, les procès-verbaux mêmes de la rédaction des coutumes font

(1) Coutum. génér., t. II, p. 1066.
(2) Coutum. génér., p. 1073, 1191 et 1183.

mention d'anciens livres, papiers et registres coutumiers en Bourgogne , à Chaumont, dans le Bourbonnais , dans l'Auvergne , dans la Saintonge , à Bordeaux , à Senlis , à Clermont (en-Beauvaisis), en Normandie et en Bretagne. Les uns étaient des ouvrages , des sortes de traités , où des particuliers s'étaient efforcés d'exposer les règles coutumières dont ils devaient la connaissance à leur expérience pratique ; les autres étaient ce que Bouteiller appelle le livre coutumier du greffe (1), c'est-à-dire un recueil des coutumes tenues pour vraies en jugement, et enregistrées par le greffier par forme de mémorial. Ce livre coutumier du greffe n'avait aucune autorité obligatoire ni exclusive , telle que les coutumes rédigées officiellement en ont joui depuis D'ailleurs c'étaient les coutumes les plus certaines et les plus fréquemment appliquées qui devaient s'y trouver le moins. Quant aux coutumiers rédigés par des particuliers, sous forme plus ou moins scientifique , il n'est que rarement possible de déterminer d'une manière précise dans quels lieux les dispositions qui y sont rapportées étaient ou non en vigueur. Il faut donc conclure de là que , si les coutumiers de l'époque féodale sont la véritable source de l'interprétation des coutumes postérieures et le correctif indispensable à l'application inexacte qu'on pourrait vouloir faire de celles-ci aux temps qui les ont précédées , ces coutumiers à eux seuls seraient tout-à-fait impuissans à nous donner des institutions coutumières autre chose que leurs principes les plus généraux. Les diversités locales nous échapperaient en grande partie, et là même où il en resterait des traces , il serait impossible d'en assigner exactement le territoire.

Lors de la rédaction officielle des coutumes, au contraire, les États durent faire connaître toutes leurs coutumes tant générales que locales , à peine de déchéance. Les

____

(1) Somme rurale, liv. Ier, ch. 2.

commissaires leur faisaient même prêter « le serment en tel cas requis et accoutumé, à savoir, qu'en leurs loyautés et consciences ils rapporteraient ce qu'ils savaient et avaient vu garder et observer des coutumes, cessant toute affection privée et particulière, et ayant seulement égard à ce qui est bon en commun et en public, pour le regard de ce qui véritablement a été par ci-devant tenu, gardé et observé pour coutume; et de ce qui se trouverait dur, rude, rigoureux, déraisonnable, et, comme tel, sujet à être tempéré, modéré ou du tout corrigé, tollu et abrogé, ils en avertiraient les commissaires, selon leurs consciences (1) ». En vertu de ce serment et de l'intérêt que les États avaient à ce que leurs coutumes fussent exactement rédigées, les articles en étaient successivement accordés ou discordés, et, dans ce dernier cas, débattus, puis arrêtés par les commissaires de l'avis de la majorité des États, ou renvoyés à la décision du parlement.

Mais, au préalable, des débats s'établissaient sur les comparutions mêmes. Dans chaque pays, dans chaque bailliage, sénéchaussée ou autre juridiction du royaume, où la coutume devait être rédigée, assignation était donnée à tous les membres des trois États, exempts ou non exempts de la justice ordinaire, non seulement du ressort actuel et de ses enclaves, mais aussi des anciennes dépendances du ressort, où la coutume pouvait être semblable. Les comparans étaient admis à présenter leurs protestations et oppositions, tant à raison de leurs priviléges d'exemption de la justice, qu'à raison de la coutume, dont ils se déclaraient sujets simplement, ou sujets sauf leurs coutumes locales, ou exempts pour le tout et régis par une coutume différente. Les défaillans étaient réassignés, et contraints,

_____

(1) Pour faire ce serment, les gens d'église mettaient la main au pis (*ad pectus*); les gens des deux autres états levaient la main. *Voy.* les procès-verbaux.

les ecclésiastiques par la prise de leur temporel en la main du roi, les laïques par les voies d'exécution accoutumées; et, s'ils ne comparaissaient point avant le décret des coutumes, ils étaient, pour le profit du défaut, condamnés à être régis par elles. Ainsi, à quelques localités près, dont l'opposition ne fut jamais jugée, malgré le renvoi qui en avait été fait au parlement, le territoire de chaque coutume se trouva exactement délimité; et c'est dans le dépouillement des procès-verbaux de la rédaction officielle des coutumes que nous trouverons des matériaux non entièrement suffisans, mais nombreux et authentiques, pour la géographie de la France coutumière.

CHAPITRE II.

Géographie de la France coutumière.

Les divers pays qui, par leur réunion successive, ont constitué le territoire de la France actuelle, se divisent, sous le rapport du droit qui y régissait les intérêts privés, en quatre régions d'étendue inégale : 1° les pays coutumiers du nord et du milieu de la France ; 2° les pays de droit écrit du midi de la France ; 3° les Pays-Bas ; 4° les terres d'empire.

Dans cette géographie de la France coutumière, nous nous attacherons à déterminer le territoire des différentes coutumes générales, en ajoutant l'énumération des coutumes locales qui y dérogeaient en quelques points et en modifiaient l'application, soit que ces coutumes aient été rédigées à part, ou seulement mentionnées parmi les articles de la coutume générale. Mais nous avons dû distinguer soigneusement des coutumes locales, quelque ressemblance qu'ils aient souvent avec elles, tous les droits et priviléges fondés sur titres ou sur possession immémoriale, et qui ont été constamment exclus par les commissaires de la rédaction des coutumes, quoique réservés expressément ou implicitement au profit de ceux qui les prétendaient.

I. *Pays coutumiers de France.*

1° Région du nord-est.

Notre point de départ sera au cœur des pays coutumiers, dans la France proprement dite, dans l'antique capitale du royaume. La coutume générale de la prévôté et vicomté de Paris s'étendait, outre le ressort immédiat du Châtelet, sur la châtellenie de Triel, située dans le Vexin français, au nord de la Seine et à l'ouest de l'Oise ; et sur les prévôtés, sous-bailliages et châtellenies de Poissy, Saint-Germain en Laye, Châteaufort, Montlhéry, La Ferté-Aleps (1), Brie-Comte-Robert, Tournan en Brie, Gournay-sur-Marne et Gonesse. L'hôtel épiscopal de Meaux, avec la grande place située devant la porte de l'hôtel, vers l'église cathédrale, et quelques fiefs assis à Meaux ou aux environs, étaient aussi régis par la coutume de Paris, et ressortissaient de tout temps devant le prévôt de Paris (2). Les reliefs de certains fiefs se réglaient suivant la coutume locale du Vexin français (3).

Plusieurs châtellenies autrefois dépendantes de la prévôté de Paris, et érigées depuis en bailliages particuliers, avaient leurs coutumes distinctes de celles de Paris. Ce sont d'abord les coutumes des bailliage et prévôté d'Etampes, qui s'étendaient sur un territoire peu étendu au sud de Paris, borné à l'ouest par l'Essonne, et confinant au midi au territoire de la coutume d'Orléans (4). Un plus petit territoire encore, entre les coutumes de Paris, d'Etampes et de Montfort-l'Amaury, était régi par les coutumes du bail-·

(1) Il y a contestation pour la Ferté-Aleps, revendiquée à tort pour la coutume d'Etampes, puisqu'elle ne figure pas parmi les comparutions au procès-verbal de la coutume d'Etampes rédigé postérieurement à cette contestation ; on ne voit pas non plus que la Ferté-Aleps ait eu des coutumes particulières. *Voyez* procès-verbal de la nouvelle coutume de Paris (Cout. génér., t. III, p. 72).

(2) Cout. génér., t. III, p. 74. — *Voyez* les lieux pour lesquels il y a contestation entre Paris d'une part et les coutumes de Meaux, Melun, Etampes, Senlis, Montfort, Dourdan, Montargis, Clermont en Beauvaisis, etc., de l'autre : Cout. génér., t. III, p. 71-74, 443-445, 461-464, 438, 860, 863 ; t. II, p. 781-782.

(3) Cout. génér., t. III, p. 49. — Paris, anc. art. 2 ; nouv. art. 3.

(4) *Voyez* pour les oppositions formées au profit des coutumes de

liage et châtellenie de Dourdan (1). Les coutumes du comté et bailliages de Montfort-l'Amaury, Gambais, Néauphle-le-Châtel, Saint-Léger en Yveline, étendaient leur empire au sud-ouest de Paris, sur les lieux énumérés dans leur titre, sur Rambouillet, Epernon, Houdan et plusieurs autres. La prétendue coutume de Néauphle-le-Châtel, différente de celle de Montfort aussi bien que de celle de Paris, paraît n'avoir eu aucune réalité (2). Au nord de la coutume de Montfort l'Amaury, à l'ouest de celle de Paris, s'étend le territoire des coutumes du comté et bailliage de Mante et Meulan, siége particulier du bailliage de Mante (3). La coutume locale du Vexin français pour le relief des fiefs était suivie dans la partie de ce territoire située sur la rive droite de la Seine (4).

Au nord de l'ancien ressort de Paris se trouve l'ancien ressort de Senlis, régi par trois coutumes générales, celles de Senlis, de Clermont en Beauvaisis et de Valois (5).

Le territoire de la coutume du bailliage de Senlis comprend une petite partie de la France proprement dite, la plus grande partie du Vexin français, et une partie considérable du Beauvaisis, les pays de France et de Beauvaisis étant séparés par la rivière d'Oise (6). Ce territoire est divisé en plusieurs châtellenies : savoir, Senlis, Compiègne,

Paris, Montargis, Dourdan et Orléans, Coutum. génér., t. III, p. 72, 112-115, 136, 816.

(1) *Voy.* les oppositions de Paris, Etampes, Orléans, Montfort. Coutum. génér. t. III, p. 113, 114, 135-138, 163-164.

(2) Coutum. génér., t. III, p. 73. *Voy.* les oppositions pour Paris, Dourdan, Chartres, Dreux, Orléans, Mante, Montargis. Coutum. génér., t. III, p. 73, 74, 137, 161-164, 200.

(3) *Voy.* les oppositions pour Montfort et Senlis. Coutum. génér., t. III, p. 163 et 200.

(4) *Voy.* la note de Toussaint Chauvelin sur l'art. 6, tit. 1er de la nouvelle coutume de Mante.

(5) Coutume de Senlis, art. 1 et 3.

(6) *Voy.* les oppositions pour Paris, Clermont en Beauvaisis, Valois, Mante, Coutum. génér., t. II, p. 781-782, 811-812; t. III. p. 72, 74, 200.

Pontoise, Chaumont, Creil et Chambly-le-Haut-Berger (1).
De celle de Senlis dépendent le temporel de l'évêché et
comté de Beauvais, avec la ville de ce nom, et les baronies et châtellenies de Mello et de Mouchy-le-Châtel (2). A
celle de Compiègne ressortissent certaines terres et seigneuries assises au duché de Valois, mais exemptes de la
juridiction de ce duché, et formant la prévôté de l'exemption de Pierrefonds (3). La châtellenie de Pontoise comprend celle de l'Ile-Adam (4). Celle de Chaumont, érigée
depuis en bailliage séparé, comprend l'*escroissement* de
Magny et la seigneurie de La Roche-Guyon (5). Enfin, la
coutume du bailliage de Senlis s'étend encore sur le comté
et bailliage de Beaumont-sur-Oise. La coutume locale
du Vexin français, pour le relief des fiefs, était suivie dans
les châtellenies de Pontoise, de Chaumont, de Mello et de
Mouchy-le-Châtel (6). Pour la succession féodale, tout le
territoire du bailliage se divisait en trois coutumes locales,
celle de la châtellenie de Pontoise, celle de delà l'Oise,
et celle en deçà de l'Oise (7). Il y avait encore quelques autres divergences locales moins importantes, et
l'on voit par le Procès-verbal qu'elles avaient été ancien-
nement plus nombreuses (8). Les coutumes locales prétendues par l'évêque de Beauvais pour son comté de Beauvais, concernaient en partie ses droits seigneuriaux, ou se
trouvaient implicitement comprises sous les autres cou-

(1) Coutume de Senlis, art. 5-12.

(2) *Ibid.*, art. 28 et 34.

(3) *Ibid.*, art. 2. Une autre partie des exempts de Valois ressortissait
directement à Senlis et non à Compiègne.

(4) *Ibid.*, art. 75.

(5) *Ibid.* art. 80, 82, et la note sur l'art. 10, *Voy.* aussi le Procès-verbal,
p. 735-736.

(6) *Ibid.*, art. 156, 466, Procès-verbal, p. 756.

(7) *Ibid.*, art. 136, 137, 139.

(8) *Voy.* les art. 235, 247, 263, 264 de la coutume et le Procès-verbal

tumes locales ; car elles n'ont pas été rédigées séparément (1).

Si, d'après ce qui précède, une partie du Beauvaisis était
soumise à la coutume de Senlis, une autre était réunie à
la Normandie, une troisième au bailliage d'Amiens, une
quatrième et dernière était régie par les coutumes générales du bailliage et comté de Clermont en Beauvaisis. Le
territoire de ce bailliage se composait de deux parties dont
l'une était située autour de la ville de Clermont, entre les
coutumes de Senlis et de Montdidier ; l'autre, formant la
prévôté de Milly, était située au nord-ouest de Beauvais,
avoisinant la Normandie et cette partie du Beauvaisis qui
ressortissait à Amiens (2).

Le Valois était, aussi bien que le comté de Clermont, de
l'ancien ressort de Senlis. Les coutumes du bailliage et duché de Valois s'étendaient sur les châtellenies de Crespy,
la Ferté-Milon, Pierrefonds, Béthisy et Verberie ; tandis
que les châtellenies de Neuilly-Saint-Front et d'Oulchy-le-
Châtel, quoique réunies au duché de Valois, se gouvernaient par les coutumes du bailliage de Vitry en Champagne (3).

La France proprement dite avec le Vexin français, le
Valois et le Beauvaisis, a au nord la Picardie avec l'Artois ;
au nord-est le Vermandois avec Chauny ; à l'est la Champagne avec la Brie, le Barrois et l'Argonne.

La Picardie est régie par cinq coutumes générales, celles

sur les articles 104, 139, 144, 146, 151, 161, 176, 179, 210, 226, 248,
255, 268.

(1) *Voy.* le Procès-verbal, p. 734, 735.

(2) Cela résulte des comparutions. Coutum. génér., t. II, p. 778-781.
Voyez les oppositions pour Senlis, Amiens, Paris. *Ibid.*, p. 743, 781,
782.

(3) *Voy.* l'intitulé de la coutume de Valois et le Procès-verbal. Coutum.
génér., t. II, p. 814. Les oppositions pour Senlis et Vermandois. *Ibid* :
p. 552, 743, 814, 842.

de Péronne , de Ponthieu, d'Amiens, de Boulenois et de Calais (1).

Les coutumes du gouvernement de Péronne , Montdidier et Roye, régissent un territoire situé sur les deux rives de la Somme , entre l'Artois au nord, l'Amiénois à l'ouest, les bailliages de Senlis et de Clermont en Beauvaisis au sud, le Vermandois à l'ouest (2). Chacune des prévôtés de Péronne , de Montdidier et de Roye, dont ce gouvernement se compose, a quelques coutumes particulières et locales (3), ainsi que les villes de Péronne et de Roye (4). La récompense due par l'aîné aux puînés pour retirer de leurs mains le quint des fiefs qui leur est échu , se règle diversement selon que les fiefs sont situés au-delà de la Somme , du côté de Vermandois et d'Artois , ou en-deçà de la Somme , du côté de France (5).

Le territoire des coutumes générales de la sénéchaussée et comté de Ponthieu s'étend de même des deux côtés de la Somme , mais à l'ouest de l'Amiénois ; sur la rive droite, le Ponthieu atteint jusqu'à la mer ; sur la rive gauche , il est séparé de la mer par le Vimeu, et, composé de plusieurs bandes étrangement découpées , il confine au sud à la Normandie et au comté d'Eu. Les coutumes locales de la ville et banlieue d'Abbeville, et celles de la ville , pays et banlieue de Marquenterre-sur-la-mer , dérogent à la générale de Ponthieu.

C'est entre la sénéchaussée de Ponthieu et la Normandie d'une part , le gouvernement de Péronne de l'autre, qu'est comprise la partie la plus importante du territoire des cou-

(1) *Voy.* les cartes de l'Artois et de la partie méridionale de la Picardie, par Delisle , 1711 et 1712.

(2) *Voy* l'opposition pour Vermandois. Coutum. gén., t. II, p. 550-551.

(3) Nouv. coutume de Péronne , art. 87 90 , 258 , 259 , 263.

(4) *Ibid.*, art. 86 et 91. Pour les coutumes particulières de la ville de Montdidier , *voy.* le procès-verbal. Coutum. gén., t. II , p. 656-657.

(5) Nouv. coutume de Péronne , art. 170.

tumes générales du bailliage d'Amiens, savoir: les six prévôtés royales d'Amiens , de Beauquesne, de Doullens, de Saint-Riquier, de Foulloy (comprenant la ville de Corbie) et de Beauvaisis ; deux autres prévôtés étaient situées , celle de Vimeu , entre le comté d'Eu , le Ponthieu, la Somme et la mer (1) ; celle de Montreuil, au nord du Ponthieu, à l'ouest de l'Artois et au sud du Boulenois.

Lors de la première rédaction de la coutume d'Amiens, son territoire avait une bien autre étendue : l'Artois tout entier était divisé entre la prévôté de Montreuil et la prévôté foraine de Beauquesne ; et les officiers de ces deux prévôtés élevaient des prétentions jusque sur le Boulenois et sur les châtellenies de Lille , Douay et Orchies. Mais ces prétentions trouvèrent une résistance invincible dans les officiers du Boulenois et des châtellenies alors françaises de Flandre (2) ; et l'Artois fut démembré du bailliage d'Amiens lorsque le traité de Madrid l'eut soustrait à la souveraineté de la France.

Chacune des prévôtés du bailliage d'Amiens alléguait des coutumes locales dérogeantes aux coutumes générales du bailliage. Les coutumes locales de la ville , loi , mairie, prévôté , échevinage et banlieue d'Amiens , réservées comme coutumes de la ville d'Amiens lors de la première rédaction, ne furent admises à titre de coutumes de prévôté qu'à la seconde (3). Les coutumes locales des prévôtés de Montreuil-sur-la-mer , Saint-Riquier , Doullens et Foulloy sont comprises dans les deux rédactions. Il en est de même de celles de la prévôté foraine de Beauquesne du côté d'Artois et de-là la rivière d'Authie , quoiqu'elles eussent perdu , par la

(1) Pour la plus grande partie du moins ; car la ville d'Oisemont, qui en dépendait (Coutume loc. de Vimeu , art. 1), est située à l'est du Ponthieu , et contiguë au corps principal du bailliage d'Amiens.

(2) *Voy.* le Procès-verbal de l'anc. coutume d'Amiens ; Coutum. génér., t. I. p. 113-114.

(3) *Voy.* Coutum. génér., t. I, p. 117, 119 , 219 , 220.

distraction de l'Artois, la plus grande et la plus importante partie de leur territoire particulier. Lors de la première rédaction, les coutumes locales de la prévôté de Vimeu avaient été présentées, mais ne purent être publiées, parce que le cahier en avait été mangé par les chiens, ainsi que Dumoulin l'explique dans une note (1), et il en était résulté que les sujets de cette prévôté restèrent soumis à la coutume générale. Cette rigueur fut corrigée lors de la nouvelle rédaction, qui admit ces coutumes locales. Quant à la prévôté de Beauvaisis, qui avait deux siéges, l'un à Amiens même, l'autre à Grandvilliers (2), ses coutumes locales avaient été admises lors de la première rédaction ; mais, à la nouvelle, il fut dit, sur la demande expresse des officiers de la prévôté, qu'elle serait dorénavant régie et gouvernée pour le tout par la coutume générale.

Dans la prévôté de Beauvaisis, du bailliage d'Amiens, se trouve compris le territoire considérable du vidamé de Gerberoi, appartenant à l'évêque de Beauvais, qui prétendait, contre les officiers du roi, le tenir en pairie de la même manière que son comté de Beauvais. Les coutumes du vidamé de Gerberoi, rédigées dans le même temps que les coutumes d'Amiens le furent pour la première fois, avaient été réservées par les commissaires avec toutes les coutumes locales des terres et seigneuries comprises sous les huit prévôtés royales du bailliage. La publication, qui devait en être faite postérieurement, n'eut point lieu, et lors de la nouvelle rédaction des coutumes d'Amiens, celles de Gerberoi ne furent point admises. Le vidamé de Gerberoi est donc resté soumis purement et simplement à la coutume générale d'Amiens, et la rédaction de la coutume de Gerberoi n'a plus été considérée que comme un titre particulier et comme une reconnaissance faite par les vas-

(1) Coutum. génér., t. I, p. 137.
(2) Coutum. génér., t. I, p. 454.

saux et sujets du vidame des droits féodaux et seigneuriaux prétendus par lui (1).

Au nord de la prévôté de Montreuil-sur-la-mer, du
bailliage d'Amiens, s'étendait, entre l'Artois et la mer, le
territoire des coutumes générales du comté, pays et sénéchaussée de Boulenois. On y suivait, outre les générales,
les coutumes locales de la ville, basse ville, bourgage et
banlieue de Boulogne-sur-la-mer; celles du lieu et bourgage
de Desvrenes, celles de la ville et banlieue d'Etaples-sur-la-
mer, celles de la ville de Wissant, celles du village de
Herly, celles de la terre et seigneurie de Quesques en
Boulenois ; enfin, celles du baillage de Nédonchel, enclavé
dans l'Artois (2).

Si les prétentions élevées par les officiers de la prévôté
de Montreuil sur le Boulenois restèrent sans succès, à plus
forte raison Calais, ancienne dépendance du comté de
Boulogne, mais occupé alors par les Anglais, ne pouvait-il
dépendre de cette prévôté. Le bailliage souverain d'Ardres
et du comté de Guines, au contraire, situé entre le territoire
de Calais et la partie de l'Artois qui ressortissait à Montreuil, était compris dans cette même prévôté et régi par les
mêmes coutumes, sauf quelques dérogations contenues au
cahier des coutumes générales du comté de Guines (3), rédigé en 1567, pour être ensuite présenté aux commissaires
chargés de la réformation de la coutume d'Amiens, et
confirmé par eux. Cette confirmation ne paraît pas avoir
eu lieu. Mais dès avant, Calais avait été repris sur les Anglais en 1558, et la question s'éleva de savoir par quelle
coutume devaient être gouvernés les Pays Reconquis. Par

(1) *Voy.* pour tout ce qui concerne le vidamé de Gerberoi, les Procès-verbaux des coutumes de Senlis et d'Amiens (Coutum. génér., t. I,
p. 117, 207 ; t. II, p. 734), les notes sur l'art. 99 de la coutume de Senlis,
et surtout une note de Ricard sur Gerberoi. Coutum. génér., t. I, p. 222
et suiv.

(2) Nouvelle coutume de Boulenois, art. 13.

(3) *Voy.* l'intitulé de ces coutumes et leur art. 24 et dernier.

ses lettres de 1571, Charles IX octroya aux colons qui y
avaient été envoyés, d'user de la coutume de Paris, ce qui
vraisemblablement ne fut point à la convenance de tous
les habitans. Aussi le parlement ordonna-t-il qu'avant de
procéder à la vérification de cette coutume, les gens des
trois états s'assembleraient à Calais, pour aviser entre eux
si la coutume de Paris, dont il leur serait donné lecture,
serait par eux reçue, observée et gardée. Les coutumes de
la ville de Calais et Pays Reconquis furent rédigées en conséquence en 1583. Mais il est important de remarquer que
les états d'Ardres et de Guines, qui avaient assisté aux
deux rédactions des coutumes d'Amiens en 1507 et 1567,
furent aussi convoqués en 1583 à la publication des coutumes de Calais, et y assistèrent sans opposition (1). Depuis
lors, le bailliage d'Ardres et le comté de Guines se trouvèrent distraits des coutumes de la prévôté de Montreuil et
du bailliage d'Amiens. La ville de Calais avait quelques
usances particulières dérogeantes à la coutume générale
des Pays Reconquis.

L'Artois, avant son démembrement de la France en
1525, dépendait, ainsi qu'il a déjà été dit, de deux prévôtés du bailliage d'Amiens, et était régi par les coutumes
générales de ce bailliage, sauf les coutumes locales. Les coutumes du bailliage de Saint-Omer, celles de la ville, cité et
régale de Thérouanne (2), et celles du comté de Saint-
Pol, rédigées en 1507, n'étaient pas seulement locales par
rapport à la générale d'Amiens, mais aussi par rapport à
la particulière de la prévôté de Montreuil-sur-la-mer, dont
le ressort s'étendait sur cette partie de l'Artois, tandis que
le reste se gouvernait par la coutume de la prévôté foraine
de Beauquesne. Il paraît d'ailleurs que la réserve faite par
les commissaires pour la rédaction des coutumes d'Amiens,
en faveur des coutumes locales des terres et seigneuries,

(1) Coutum. génér., t. I, p. 24, 115, 204, 206.
(2) Cette ville a été rasée par Charles-Quint en 1553.

dérogeantes aux coutumes générales du bailliage et aux coutumes particulières des prévôtés royales, fut surtout nécessitée par le grand nombre des coutumes locales d'Artois, dont plusieurs furent rédigées, mais non publiées à cette époque. Enfin l'Artois avait des coutumes générales, qu'il eût été incommode de fractionner et de ne rédiger que comme coutumes locales suivant les circonscriptions des prévôtés royales, formées par des causes tout-à-fait indépendantes de la circonscription des coutumes. Dès 1509, le comte d'Artois fit rédiger les coutumes générales de son comté, ce qu'il put faire plus librement encore, après que la France eut renoncé à sa souveraineté sur ce pays.

Il était indispensable d'indiquer ici l'ancienne géographie coutumière de l'Artois : il ne l'est pas moins de connaître celle qui a définitivement prévalu.

L'Artois comprenait d'abord la gouvernance d'Arras avec les villes d'Arras, Aubigny-la-Marche, Bucquoy, Beaumetz, Houdain, Vitry, etc. A la gouvernance d'Arras ressortissaient, en outre, l'advouerie de Béthune, le comté de Saint-Pol (y compris Pas et Frévent), et la gouvernance d'Oisy. Les bailliages de Saint-Omer (avec Fauquemberg), d'Aire, de Lens (avec la principauté d'Espinoy), de Bapaume, de Hesdin, de Lilliers, d'Avesnes-le-Comte et d'Aubigny-le-Comte, ressortissaient, au contraire, au conseil provincial d'Artois. Il en était de même de la régale de Thérouanne, des villages de la juridiction de Saint-Vaast d'Arras, et des autres lieux de fondation ou amortissement royal, à cause des abbayes et chapitres dont ils étaient tenus en tout ou en partie. Enfin quelques villages ressortissaient aussi directement au conseil d'Artois pour avoir ressorti autrefois en première instance au parlement de Paris (1).

Les coutumes générales du pays et comté d'Artois étaient modifiées dans leur application par un nombre

(1) *Voyez* la table dans le Coutum. génér., t. I, p. 472 et suiv.

presque infini de coutumes locales des bailliages, châtellenies, terres et seigneuries, expressément réservées dans les
diverses confirmations des coutumes générales. Voici l'é-
numération de celles qui ont été successivement rédigées.

Dans le ressort de la gouvernance d'Arras :

Les coutumes de la ville, loi, banlieue et échevinage
d'Arras, chef et capitale du pays et comté d'Artois;

Les coutumes locales et prérogatives du fief et seigneurie
de Baudimont, étant au faubourg de la cité d'Arras, hors
la porte nommée de Baudimont;

La coutume de la terre et seigneurie de Wancourt et
Guemappes;

Les coutumes locales de la terre et seigneurie de Ham;

Les coutumes de la ville, gouvernance et advouerie de
Béthune;

Les coutumes du lieu et seigneurie de Richebourg-l'Advoyé;

Les coutumes générales du comté de Saint-Pol (locales
d'Artois),

Et les coutumes de la ville, loi et échevinage de Saint-
Pol;

Les coutumes de la châtellenie de Pernes en Ternois,

Et les coutumes locales de la ville et échevinage de Pernes ; ·

Les coutumes des villages de Baralles et Buissy, et celles
du Mont-Saint-Eloy, dans la gouvernance d'Oisy.

Dans le ressort du conseil d'Artois :

Les coutumes du bailliage de Saint-Omer,

Et les coutumes de la ville, échevinage, changle et banlieue de Saint-Omer;

Les coutumes de la seigneurie, mairie, échevinage et
vicomté de Nielles-lès-Boulenois;

Les coutumes de la châtellenie et bailliage d'Aire,

Et les coutumes de la ville et banlieue d'Aire;

Les coutumes du bailliage de Lens,

Et les coutumes de la ville et échevinage de Lens;

Les coutumes de la ville et seigneurie de Lieven ;

Les coutumes de la ville, terre et seigneurie de Haines, appartenant aux religieux, abbé et couvent de Marchiennes ;

Les coutumes de la ville, terre, seigneurie et échevinage de Mazengarbe, appartenant aux mêmes religieux ;

Les coutumes du bailliage de Bapaume et de l'échevinage de la ville de Bapaume ;

Les coutumes de la châtellenie et du bailliage de Hesdin,

Les coutumes particulières de la ville de Hesdin,

Et les coutumes particulières et locales de plusieurs bourgs et villages, tenus de Hesdin, dérogeantes à la coutume générale du bailliage , savoir : de la terre et seigneurie de Labroie, du lieu de Wail, de Boubers sur Canche, de Fillieures, du Biez, des lieux de Haravesne et Waux ;

Les coutumes locales de la terre et seigneurie de Bouin;

Les coutumes du bailliage de Lilliers;

Les coutumes locales et particulières de la terre et seigneurie de Saulty, et de Gombremez , paroisse de Saulty, dans le bailliage d'Avesnes-le-Comte;

Les coutumes locales de la terre et seigneurie de Villiers-Châtel, dans le bailliage d'Aubigny-le-Comte;

Les coutumes du pays de l'Angle, démembré de la châtellenie de Bourbourg en Flandre, et réuni au bailliage de Saint-Omer. Il comprend quatre paroisses, savoir : Saint-Nicolas, Sainte-Marie-Kerke , Saint-Omer-Capelle (ou Saint-Omaers-Kerke) et Saint-Folquiin ;

Les coutumes de la ville et châtellenie de Tournehem, ville d'Audruick et pays de Bredevarde , jadis distraits du comté de Guines. Cette coutume se supplée par la coutume de Guines, et ce n'est qu'en second lieu qu'on recourt aux coutumes générales d'Artois.

Pour compléter cette énumération des coutumes particulières de l'Artois, il ne reste plus qu'à ajouter celles des lieux de fondation ou amortissement royal. Ce sont, d'a-

bord, les coutumes locales de la terre et seigneurie d'Es-
coult-Saint-Quentin et Saudemont, appartenant aux prévôt,
doyen et chanoines de l'église collégiale de Saint-Amé de
Douay ; puis les diverses coutumes des lieux appartenant
en tout ou en partie aux religieux, abbé et couvent de l'é-
glise et abbaye de Saint-Vaast d'Arras.

Les coutumes générales de Saint-Vaast ont été rédigées
(en 1507) comme locales de celles de la prévôté foraine de
Beauquesne, du bailliage d'Amiens. Outre ces coutumes
générales, il y en a bon nombre de locales, particulières
aux diverses terres et seigneuries de cette église, qui sont
pour la plupart éparses dans la gouvernance d'Arras. Plusieurs de ces coutumes locales, rédigées de même en 1507,
savoir : celles du pouvoir et échevinage de Hées, des ville
et échevinage de Frene et Montauban, de la ville et échevinage de Ficheux, de la ville et échevinage de Roclen-
court, de l'échevinage, terre et seigneurie de Dainville, de
la ville et échevinage de Neuville-Saint-Vaast, du pouvoir
et échevinage de Demencourt, de la ville de Biache-Saint-
Vaast, renvoient à la fois aux générales de l'église de
Saint-Vaast et à celles de la prévôté de Beauquesne. Les
coutumes locales du pouvoir et échevinage de la Vigne lès-
Arras, rédigées en 1507 ; celles de la ville, terres, seigneuries et échevinage de Feuchy, et celles du village de Moyen-
ville, rédigées en 1535, renvoient simplement aux générales de Saint-Vaast ; celles de la ville, prévôté et échevinage
de Gorre (1507), renvoient simplement aux générales du
comté d'Artois et de la prévôté de Beauquesne ; celles de
la ville, terre, seigneurie et échevinage de Bihencourt (1535)
renvoient aux générales du bailliage de Bapaume. Les coutumes de la ville de Hamblain et échevinage de Berneville,
du pouvoir de Hervain, de la ville et échevinage de Peule,
de la ville et échevinage d'Athies, de la ville et échevinage
des grand et petit Servin, de la ville et échevinage de Vis
en Artois, de la ville et échevinage de Bailleul-Sire-Ber-

toul ; de la ville, terre, seigneurie et échevinage de **Billy**
en Berclau; de la ville, terre et seigneurie de Gaverelles ;
de l'échevinage de Telluch, de la ville et échevinage de
Mons en Peule, de la ville et échevinage d'Isez-les-Esquer-
chins ; de la ville, loi et échevinage d'Ennéulin en Carem-
baut ; de la ville et échevinage de Meurchin, de la ville et
échevinage de Bauvain ; du pouvoir des Moulx, sis au quartier de Baudimont, en la cité d'Arras, toutes rédigées
en 1507 ; celles de la prévôté et échevinage de Saint-Mi-
chel-les-Arras (consistant en Blangy et en Fossé), et celles
du village et terroir de Boilleux-au-Mont et Saint-Marcq,
rédigées en 1535, ne renvoient à aucune autre. Enfin les
coutumes de la terre et seigneurie de Richebourcq Saint-
Vaast, rédigées en 1669, se référèrent aux générales d'Artois, et à la disposition du droit écrit, ce qui ne veut pas
dire que cette partie de l'Artois fût pays de droit écrit,
mais exprime simplement cette opinion théorique assez
bizarre, mais générale alors, suivant laquelle on devait in-
terpréter les coutumes à l'aide du corps de droit et dans
l'esprit des lois romaines.

L'église de Saint-Vaast tenait en amortissement royal le pays
de l'Aleue, comprenant les trois paroisses de Sentié, Fleu-
baix et Sailly, et partie d'une quatrième, savoir, la Gorgue,
contiguë à la rivière de Lys, qui faisait la séparation du
comté de Flandre d'avec le pays de l'Aleue, entourée des
autres côtés par le comté d'Artois et la châtellenie de Lille,
sans néanmoins être mouvant et en rien sujet d'aucun de
ces trois pays. Les coutumes du pays de l'Aleue ont été
rédigées sous deux formes, comme discordantes des coutumes générales du comté d'Artois, et comme locales de
celles de l'église de Saint-Vaast.

Nous quittons l'Artois, et la Picardie, dont il dépendit
autrefois. Entre la gouvernance de Péronne et le bailliage
de Vermandois, se trouvait enclavé le petit territoire des
coutumes du bailliage et prévôté de Chauny, réputé de

l'Ile de France (1). Le Vermandois, auquel nous passons maintenant, est remarquable en ce qu'il contenait à lui seul quatre des six pairies ecclésiastiques, l'archevêché-duché de Rheims, l'évêché-duché de Laon, et les évêchés-comtés de Châlons et de Noyon. Les coutumes du bailliage de Vermandois, en la cité, ville, banlieue et prévôté foraine de Laon, étendaient leur autorité sur toute cette partie du Vermandois qui a été comprise depuis, soit dans l'Ile de France, soit dans la Picardie (2). On y trouvait quatre coutumes locales : celles du bailliage de Vermandois en la cité, ville et prévôté royale de Noyon ; celles des ville, prévôté et ressort de Saint-Quentin ; celles de la prévôté de Ribemont, siége particulier du bailliage de Vermandois, comprenant Guise et Aubenton ; celles du bailliage et gouvernement de Couci, en ce qui est de l'ancien ressort du bailliage de Vermandois et prévôté foraine de Laon. Les coutumes particulières de Soissons, Vervins, Vailly, etc., ont été abrogées (5).

Le reste du Vermandois, qui a fait depuis partie de la Champagne, était régi par deux coutumes générales : les coutumes de Châlons et ressort, en ce qui est du bailliage de Vermandois, et les coutumes de la cité et ville de Rheims, villes et villages régis selon icelles. Les premières étaient enclavées dans la Champagne propre ; elles comprenaient plusieurs lieux situés aux environs de Châlons, et quelques autres épars dans le territoire de la coutume de Vitry, et jusque dans le Barrois. Les coutumes de Rheims s'étendaient sur une partie considérable du Rhémois et du Réthelois, depuis le territoire de la coutume de Laon jusqu'à la Meuse, et même au-delà (4). Les lieux régis par elle

(1) *Voy.* les oppositions pour Noyon. Coutum. génér., t. II, p. 695.

(2) *Voy.* les oppositions pour Péronne, Valois, Chauny, et celles entre Coucy et Laon. Coutum. génér., t. II, p. 550-552, 695.

(3) *Voy.* le Procès-verbal, Coutum. génér., t. II, p. 555 et suiv.

(4) Attigny, le Chêne-le-Populeux, Tourteron, Launoy, Flize,

étaient entremêlés aux lieux dépendans de la coutume de Vitry (1).

Ici nous entrons en Champagne, dont tout le nord, en ce qui n'était pas du Vermandois, était soumis aux coutumes du bailliage de Vitry en Perthois, dit le Français. L'ancien ressort de ce bailliage comprenait les dix prévôtés de Vitry, Château-Thierry, Sainte-Menehould, Châtillon-sur-Marne, Fismes, Épernay, Rouvray, Passavant en Argonne, Vertus et Larzicourt (2). De Château-Thierry, érigé en présidial, avaient dépendu les châtellenies de Neuilly-Saint-Front et d'Oulchy-le-Châtel, qui se gouvernaient selon les coutumes de Vitry, quoique faisant partie du duché de Valois (3). A Sainte-Menehould, érigé en bailliage particulier, ressortissaient les trois prévôtés royales de Sainte-Menehould, Rocroy et Villefranche-sur-Meuse, le duché de Réthelois, les baronnies de Rumigny, du Thour et de Montcornet en Ardennes, et la principauté de Porcien (4). Ces diverses parties du bailliage de Sainte-Menehould étaient toutes régies par la coutume de Vitry, excepté les lieux du Réthelois (5) qui se gouvernaient par la coutume de Rheims. Une partie des lieux du Rhémois, compris dans l'ancien bailliage de Vitry, et régis par sa coutume, furent donnés au présidial de Rheims. Enfin Châtillon-sur-Marne fut érigé en bailliage, tout en restant sous la coutume de Vitry. Après ces démembremens, Vitry conserva Passavant, Vertus, Rouvray et Larzicourt, à quoi il faut joindre la ville de Saint-Dizier, située vers le Bassigny, ainsi que la

le faubourg Saint-Julien de Mézières, ainsi que quelques enclaves du côté de l'Argonne, Montfaucon, Brieule-sur-Meuse, etc.

(1, *Voy.* les oppositions pour Vitry, Sens, Beaumont en Argonne, et entre Rheims et Châlons. Coutum. génér., t. II, p. 550-552.

(2) *Voy.* la table dans la Coutum. génér., t. III, p. 339.

(3) *Voy.* plus haut, p. 35.

(4 Coutum. génér., t. III, p. 346.

(5) Rethel, Mézières et Vouziers étaient de la coutume de Vitry.

ville de Commercy et son territoire, soumis à la coutume de Vitry, quoique enclavés entre les bailliages de Bar-le-Duc et de Saint-Mihiel.

Le Bassigny se divisait en deux parties inégales : quelques lieux étaient de l'ancien ressort du bailliage de Sens; mais la plus grande partie était régie par les coutumes du bailliage de Chaumont en Bassigny (1). Le territoire de cette coutume comprenait Chaumont, Bar-sur-Aube, Vassy, Joinville, Vaucouleurs, Montigny-le-Roi, Nogent-le-Roi, Vignory, Château-Vilain, Essoyes, Brienne-le-Château, Pincy, Ramrupt, etc. Il confinait au nord à la coutume de Vitry, à l'ouest à celle de Troyes.

Les coutumes générales du bailliage de Troyes régissent un territoire assez étendu, que celui de la coutume de Sens coupe en deux parties principales. La ville de Troyes est entourée de plusieurs mairies royales, qui s'étendent au nord jusqu'à l'Aube, et dans l'une desquelles la ville d'Arcis-sur-Aube se trouve comprise. Au bailliage de Troyes ressortissent en outre les siéges royaux de Méry-sur-Seine, Virey-sous-Bar, Romilly-les-Vauldes, Nogent-sur-Seine, Pont-sur-Seine, etc., et les châtellenies de Chaource, Vandœuvre, Ervy, Saint-Florentin, Trainel, etc. Le comté de Joigny, qui ressortit pareillement au bailliage de Troyes, forme une enclave considérable entre les territoires des coutumes de Sens, d'Auxerre et de Montargis. Une autre enclave, mais beaucoup moins considérable, et située en Bourgogne, est la châtellenie de l'Ile-sous-Montréal, appelée aussi l'Ile-sur-Serain (2). Les limites entre la coutume de Troyes et celle de Sens sont très-compliquées et contestées en partie (3).

(1) *Voy.* la carte qu'a donnée de cette coutume Thiériot, Esprit de la coutume de Chaumont, 1766.

(2) *Voy.* l'état sommaire inséré au Coutum. génér., t. II, p. 296.

(3) *Voy.* les oppositions pour Sens et Auxerre. Coutum. génér., t. III, p. 543, 544, 591, 620.

Le territoire des coutumes générales du bailliage de Sens s'étend à l'ouest et au sud des bailliages de Troyes et de Chaumont, et se trouve resserré entre ces bailliages, ceux de Montargis et d'Auxerre, et les deux Bourgognes (1), de manière à former une ceinture assez étroite, où sont compris Sens avec Villeneuve-l'Archevêque, Marcilly-le-Hayer, Brienon-l'Archevêque, Mussy-l'Évêque (ou Mussy-sur-Seine), etc.; Villeneuve-le-Roi, avec Seignelay et Chablis; Tonnerre avec Ancy-le-Franc, Ligny-le-Châtel, etc.; Langres avec Montsaujon, Montigny-sur-Aube, Prauthoy, Neuilly-l'Évêque, etc. (2). Outre les coutumes générales de ce bailliage, les coutumes locales de la ville de Sens, et les coutumes locales et particulières de Langres et comté de Montsaujon, pays et quartier de Langres, sont les seules qui aient été admises; les prétendues coutumes locales de Tonnerre ayant été réjetées (3).

De l'ancien ressort du bailliage de Sens étaient aussi, en remontant vers le nord-est, quelques parties du Bassigny et le Barrois. Aussi le duc de Lorraine et de Bar fut-il assigné, en 1555, à la rédaction des coutumes de Sens pour ses duché et bailliage de Bar, pays d'Argonne, terres et seigneuries de la Marche, Châtillon-sur-Saône, la Motte, Conflans et dépendances; et, malgré son opposition, il fut dit qu'il serait, lui et ses sujets, soumis par provision au bailliage de Sens et régi par ses coutumes, sauf les coutumes locales qu'il pourrait proposer et faire vérifier par les commissaires (4). Mais le procureur du duc se retira et se laissa condamner par défaut, sans produire aucunes coutumes locales, quoique le cahier en eût été dressé dès 1506. Le Barrois resta soumis pour le tout aux coutumes

(1) *Voy.* les oppositions pour Melun, Montargis, Troyes, Meaux, Auxerre. Coutum. génér., t. III, p. 477, 541-544, 619, 620.

(2) *Voy.* l'état inséré au Coutum. génér., t. III, p. 564.

(3) Coutum. génér., t. III, p. 561.

(4) Coutum. génér., t. III, p. 534, 545.

4

générales de Sens ; et ce n'est qu'en vertu du concordat
conclu en 1571 entre le roi de France et le duc de Lorraine
et de Bar, que le Barrois et la partie du Bassigny qui appartenait au duc, furent distraits du bailliage de Sens, sans
cesser pour cela de ressortir au parlement de Paris. Alors
aussi furent rédigées des coutumes particulières pour le
Bassigny, le Barrois et le Clermontais.

Le territoire des coutumes du bailliage et comté de Clermont en Argonne, comprenait les prévôtés de Clermont,
de Varennes, des Montignons, et la baronnie de Vienne-le-
Château. Les coutumes du bailliage de Bar s'étendaient
sur les villes de Bar-le-Duc, Ligny, Pierrefitte, et sur tout
le pays Barrois mouvant de la France. Quant aux coutumes
générales du bailliage de Bassigny, leur territoire se composait de la prévôté de Gondrecourt, ancien ressort de
Chaumont ; des prévôtés de la Marche, Châtillon-sur-
Saône et Conflans en Bassigny, ancien ressort de Sens ;
enfin des sénéchaussées de la Motte et Bourmont, qui ressortissaient à Nancy, à l'exception du siége de Saint-Thié-
baud, qui était du ressort du parlement de Paris, comme
les prévôtés de Gondrecourt, la Marche, Châtillon et Conflans (1).

Le Barrois, situé sur les confins de la Lorraine, se rat-
tache à la Champagne, à l'est, par Sens, comme l'Artois
se lie à la Picardie, au nord, par Amiens. A l'ouest de la
Champagne, vers la France proprement dite, est la Brie,
dont une petite partie est soumise à la coutume de Paris;
le reste se partage entre les coutumes générales du bailliage
de Meaux, et celles du bailliage de Melun. Du premier dépendent Meaux, Lagny, Crécy, Faremoutier, Coulom-
miers, la Ferté-au-Col, la Ferté-Gaucher, Sézanne, Fère-
Champenoise, Anglure, Provins, Bray, Montereau (2); le

(1) *Voy* la Carte de Lorraine en six feuilles, par Jaillot.

(2) *Voy.* les oppositions pour Paris, Sens, Melun. Coutum. génér., t.
III, p. 71, 74, 465, 544.

second s'étend sur Melun, Rosoy, Nangis, Donnemarie, et sur une partie du Gâtinais, entre la Seine et l'Essonne, notamment sur Fontainebleau, Moret, la Chapelle-la-Reine et Milly (1). Les coutumes locales alléguées pour plusieurs châtellenies et seigneuries du bailliage de Meaux n'ont point été publiées, parce qu'il sembla que c'étaient plus droits seigneuriaux que coutumes (2).

2° Région du milieu.

Au sud de la France propre et de la Brie, se trouve l'Orléanais, avec les pays qui s'y rattachent et les diverses coutumes qui les régissent.

La plus grande partie du Gâtinais, tant orléanais que français, à l'exception des lieux compris sous la coutume de Melun, était régie par les coutumes de Montargis, qu'on appelait aussi coutumes de Gâtinais ou de Lorris. Les coutumes de Lorris étaient célèbres au moyen-âge; on entendait d'abord par là les franchises et priviléges de cette petite ville, plutôt que des coutumes dans la signification précise que ce mot reçut plus tard. Ce nom de coutumes de Lorris s'étendit de proche en proche aux coutumes non seulement du Gâtinais, mais encore de la Beauce et de la Sologne, qui étaient les mêmes, à de légères différences près. Lorsqu'il s'agit de rédiger officiellement ces coutumes, chacun des deux bailliages d'Orléans et de Montargis prétendit embrasser, au moins pour le fait des coutumes et comme étant de son ancien ressort, le territoire tout entier des coutumes de Lorris, qui avait été partagé entre eux. Ainsi les états du bailliage de Montargis furent assignés à Orléans; ceux du bailliage d'Orléans, à Montargis. Malgré ces oppositions réciproques (3), deux coutumes

(1) *Voy.* les oppositions pour Paris, Montargis, Meaux, Sens, Coutum. génér., t. III, p. 72, 74, 430, 464, 465, 477.

(2) Coutum. génér., t. III, p. 399-403.

(3) Coutum. génér., t. III, p. 764-765, 767, 816, 859, 864-867. La

furent rédigées. Ce sont, d'abord, les coutumes de Lorris, des bailliage et prévôté de Montargis, Saint-Fargeau, pays de Puisaye, Châtillon-sur-Loing, comtés de Gien, de Sancerre, duché de Nemours, en ce qui est au pays de Gâtinais, châtellenie de Château-Landon et autres lieux régis et gouvernés par ces coutumes (1). En effet, les coutumes de Montargis ne s'étendaient pas seulement sur le Gâtinais, mais encore sur une partie du pays de Puisaye, où il y avait les coutumes locales de Blenau et de Toucy (2), et au sud de la Loire, sur une partie assez considérable du Berry, savoir : les comté et pays de Sancerre, châtellenies d'Aubigny-sur-Nerre, la Chapelle-d'Angillon, Concressault (3), Saint-Brisson, Cernoy; les terres et justice d'Autry-la-Ville, Autry-le-Châtel, Pierrefitte-ès-Bois, Blancafort; les châtellenies et justices de Vailly, Barlieu, Champignon, Maison-Tout et Saulogne; Sancergues, etc., où il y avait aussi quelques coutumes locales (4). Les coutumes locales des terres, justices et seigneuries de la Tour-de-Vefvre et Neuvy-à-deux-clochers, et celles de la châtellenie de Beaujeu, terres, justices et seigneuries des Quartiers-Rogiers, ont été rédigées comme locales de

coutume de Montargis contient des dispositions particulières pour Orléans, Meung, Jargeau, Sully, Saint-Benoit, Janville, chap. 1er, art. 40 et 64; l'ancienne coutume d'Orléans, au contraire, des dispositions pour Gien et Châtillon-sur-Loire, art. 144.

(1) *Voy.* l'intitulé de la coutume de Montargis. Les oppositions pour Chartres, Paris, Etampes, Montfort, Sens, Melun, Auxerre. Coutum. génér., t. III, p. 113, 115, 164, 429, 464, 465, 477, 541-544, 590, 620, 621, 859-863, 975, 978, 980, 990, 991.

(2) Coutume de Montargis, ch. 2, art. 49; ch. 4, art. 21; ch. 19, art. 10.

(3) Quelques points des coutumes de Concressault sont mentionnés dans les nouvelles coutumes de Berry, tit. Ier, art. 2, tit. II, art. 16, 24.

(4) Coutume de Montargis, chap. 1er, art. 91 et suiv.; chap. 2, art. 44, chap. 3, art. 9; chap. 4, art. 20; chap. 11, art. 9; chap. 13, art. 11; ch. 17, art. 4.

Berry. Enfin il y avait des coutumes locales à Gien et à Châtillon-sur-Loire (1).

Une petite partie du Gâtinais, la Beauce et la Sologne, formaient le territoire des coutumes du duché, bailliage et prévôté d'Orléans, « lesquelles d'ancienneté ont été vulgairement appelées les coutumes de Lorry, pour ce que Lorry est une des châtellenies dudit bailliage, où elles furent lors rédigées par écrit » (2). Ce territoire comprend, outre le ressort du châtelet d'Orléans, les châtellenies de Lorris, Janville, Beaugency, Bois-Commun, Yèvre-le-Châtel, Châteauneuf-sur-Loire, Vitry-aux-Loges, Neuville-aux-Loges et Pithiviers. Il paraît même s'être étendu dans le Blaisois, puisque les états de Suèvres furent assignés et comparurent en partie aux deux rédactions des coutumes d'Orléans (3). La ville d'Orléans a quelques coutumes particulières (4), ainsi que la châtellenie de Janville (5). Les droits de pâturage se règlent diversement selon qu'il s'agit des lieux situés au pays de Beauce, hors la forêt d'Orléans, ou de ceux qui sont situés au pays de Sologne, Val-de-Loire, Gâtinais et forêt d'Orléans (6).

Au nord-ouest du bailliage d'Orléans est le territoire des coutumes de Chartres, pays Chartrain, baronnies et châtellenies d'Alluye, Brou, Auton, Montmirail et la Bazoche-

(1) Coutume de Montargis, chap. 1ᵉʳ, art. 40, chap. 2, art. 1.

(2) *Voy.* l'intitulé de l'anc. coutume d'Orléans. Cette hypothèse d'une ancienne rédaction des coutumes d'Orléans à Lorris n'a aucun fondement historique, et repose sur la confusion entre les priviléges de Lorris et les coutumes de ce nom.

(3) Ancienne coutume d'Orléans, art. 444, et Coutum. génér., t. III, p. 765, 815. 816. *Voy.* d'ailleurs les oppositions pour Etampes, Dourdan, Montfort, Chartres, Blois, *Ibid.*, p. 112, 114, 135, 136, 161, 162, 164, 762-766, 815, 816.

(4) Ancienne coutume, art. 115, 123, 124, 307, 323; nouvelle, art. 124, 135, 136, 270, 271, 442.

(5) Ancienne coutume, art. 65. Coutume de Montargis, art. 64.

(6) Ancienne coutume, art. 144. Nouvelle, art. 148.

Gouet, étant au Perche-Gouet, et autres châtellenies étant au bailliage de Chartres (1). Dans le prolongement occidental de ce territoire, on observait la coutume locale des cinq Baronnies et Perche-Gouet, qui dérogeait en plusieurs points à la générale. Au nord, entre le bailliage de Montfort à l'est et la Normandie au nord-ouest, se trouve le Drouis, petit pays régi par les coutumes de l'auditoire et bailliage du comté de Dreux (2). De là, en remontant au sud-ouest, on rencontre successivement le territoire des coutumes générales de la baronnie, châtellenie, terres et seigneuries de Châteauneuf en Thimerais, ressort français (3), qui comprend Châteauneuf, Senonches, la Ferté-le-Vidame, Thimer, et quelques lieux du Chartrain et du Drouis (4); et puis ensuite le territoire des coutumes du pays, comté et bailliage du Grand-Perche, comprenant les siéges de Mortagne, Bellême et Nogent-le-Rotrou (5). Ces coutumes sont générales par tout le Grand-Perche, sauf quelques légères différences pour les lods et ventes dans la châtellenie de Mortagne, à l'exception de Regmallard, et dans la baronnie de Longny (6). Les autres coutumes locales alléguées par le baron et châtelain de Longny, et les prétendues coutumes locales de la châtellenie de la Mothe-Diversay n'ont point été admises (7).

Au sud du Perche et du Chartrain, le Dunois, le Vendô-

(1) *Voy.* les oppositions pour Montfort, Perche, Châteauneuf en Thimerais, Orléans, Montargis, Blois. Cout. génér., t. III, p. 161-164, 668-670, 695, 762-767, 815, 859.

(2) *Voy.* les oppositions pour Montfort et Châteauneuf en Thimerais. Coutum. génér., t. III. p. 163, 695.

(3) *Voy.* plus bas pour le ressort Normand.

(4) *Voy.* les oppositions pour Chartres et Dreux, Coutum. génér., t. III, p. 695.

(5) *Voy.* les oppositions pour Chartres, Coutum. génér., t. III, p. 668, 669.

(6) Nouvelle coutume du Perche, art. 86, 87.

(7) Coutum. génér., t. III, p. 668-669, 676-679.

mois et le Blaisois forment le territoire des coutumes générales du pays, comté et bailliage de Blois, qui s'étend en outre dans la Sologne, et, vers le sud, jusque fort avant dans le Berry (1). Ces coutumes générales sont modifiées dans plusieurs parties de leur territoire par un nombre assez considérable de coutumes locales, surtout dans le Dunois, la Sologne et le Berry, tandis que le Blaisois proprement dit et le Vendômois sont régis pour le tout par la coutume générale. Sous les coutumes locales du comté et bailliage de Dunois, sont aussi comprises les seigneuries de Marchenoir et Fréteval, membres dépendans de ce comté. Dans la Sologne, il y a les coutumes locales de la châtellenie de Romorantin, Millançay, Villebrosse et Billy; celles de la baronnie de la Ferté-Ymbaut, sous laquelle est le bailliage de Salbris (2); celles de la terre et seigneurie de Souesmes; celles de la châtellenie de la Ferté-Aurain; celles de Tremblevif et Villebrosse; celles de la châtellenie de Villefranche-sur-Cher; celles de la seigneurie et bailliage d'Autroche. Dans les parties du Berry incorporées au comté de Blois (3) ou seulement soumises à sa coutume, se trouvent les coutumes locales de la baronnie et seigneurie de Saint-Aignan; celles de la châtellenie de Menetou-sur-Cher; de la châtellenie de Selles-sur-Cher; de la châtellenie, terre, justice et seigneurie de Chabris; de la châtellenie de Valançay; des terres et châtellenies de Vatan, Buxeuil, Villeneuve-sous-Barillon et Puy-Saint-Laurian; de la châtellenie de Moulins en Berry, tenue de la châtellenie de Saint-Aignan; des terres et châtellenies de Levroux et Bouges; enfin de la baronnie de la Rue-d'Indre, située dans les faubourgs de Châteauroux, dont on y suit les

(1) *Voy.* les oppositions pour Orléans, Berry, Chartres et Touraine, Coutum. génér., t. III, p. 816, 977, 981, 990, 1113; t. IV, p. 683, 684,

(2) Coutum. génér., t. III, p. 1091, note *b*.

(3) Coutum. génér., t. III, p. 1078, note *b*.

coutumes, ainsi qu'à Chezelles et dans les autres châtellenies et justices qui en dépendent (1).

Par le territoire des coutumes de Blois, l'Orléanais confine au sud-ouest à celui des coutumes générales du duché et bailliage de Touraine, qui comprend les siéges royaux de Tours, Amboise, Chinon, Loches, Châtillon-sur-Indre, Langeais, et la châtellenie de Montrichard (2), et s'étend au sud-est sur une partie du Berry, le long de l'Indre. Les prétendues coutumes locales (3) du siége de Châtillon-sur-Indre, de la seigneurie de Fromenteau (appartenant à l'église de Loches), de la baronnie d'Amboise, de Montrichard, de Mairemoutier-lès-Tours, de la baronnie de Preuilly, de la châtellenie de la Roche-de-Pouzay, de la vicomté de la Guerche, de la baronnie de Ligueil, de la châtellenie des Écluses ; celles des lieux situés en la temporalité de Touraine et en la spiritualité de Berry, savoir : de la Mothe-sur-Indre ; de la baronnie et comté de Buzançais, seigneuries d'Estuille, Heugnes, les quatre paroisses de Lamp, membres dépendans et annexés à ce comté (4); de la châtellenie de Banche, de la baronnie de Saint-Genou-sur-Indre, de la seigneurie du Coudray, de la baronnie de Mézières, d'Azay-le-Ferron, de la châtellenie de Saint-Cyran en Brenne, de la châtellenie de l'Ile Savary, de la châtellenie d'Argy (5); celles des lieux autrefois dépendans du comté de Blois (6), savoir : de la châtellenie de Château-Regnault, de la seigneurie d'Herbault, de la seigneurie de Fracine, ne sont à vrai dire que des droits seigneuriaux ;

(1) Coutum. génér., t. III, p. 1104.

(2) *Voy.* les oppositions pour Blois et Anjou, Coutum. génér., t. IV, p. 683-684.

(3) Coutum. génér., t. IV, p. 621 et suiv. ; p. 704 et suiv.

(4) Coutum. génér., t. IV, p. 678, 701.

(5) Coutum. génér., t. IV, p. 708.

(6) Coutum. génér., t. III, p. 1102 ; t. IV, p. 626-627, 707.

aussi ont-elles été réservées aux seigneurs qui les prétendaient, mais non admises comme coutumes.

Au sud-ouest de la Touraine se trouve le petit territoire
de la ville de Loudun, enclavé entre la Touraine, l'Anjou
et le Poitou, et régi par les coutumes générales des terres,
pays et seigneuries de Loudunois (1).

A l'ouest de la Touraine est l'Anjou; à l'ouest du
Vendômois et du Perche, au nord de l'Anjou, est le Maine.
Les coutumes générales des pays et comté du Maine s'étendent sur les siéges du Mans, de Beaumont, de Fresnay, de
la Ferté-Bernard, du Château-du-Loir, de Mayenne, et sur
le comté de Laval. Les coutumes du pays et duché d'Anjou ont un territoire non moins étendu (2). Outre l'Anjou,
elles régissent encore, comme coutumes générales, modifiées par les coutumes locales de Faye-la-Vineuse et de la
baronnie de Mirebeau et pays de Mirebalais (3), un petit
territoire séparé de l'Anjou par le Loudunois, et enclavé
entre ce dernier pays, la Touraine et le Poitou.

A l'opposite de l'Anjou et du Maine, l'Orléanais touche
à l'est, par le bailliage de Montargis, à celui d'Auxerre et
au Nivernais. Les coutumes du comté et bailliage d'Auxerre
ne s'étendent pas seulement sur la ville d'Auxerre et
tout l'Auxerrois, touchant à la Bourgogne, au bailliage de
Sens et au comté de Joigny, mais encore sur Vezelay,
Donzy, Cosne-sur-Loire, Saint-Amand, Saint-Sauveur et
plusieurs autres villes et villages des pays de Donziois et
de Puisaye (4). Les coutumes locales de la châtellenic de
Varzy, et quelques autres divergences, admises dans la première rédaction de la coutume, ont disparu dans la nou-

(1) *Voy.* la carte de la généralité de Poitiers, par Jaillot, 1732.
(2) *Voy.* les oppositions pour Touraine, Coutum. génér., t. IV, p. 684.
(3) Coutum. génér., t. IV, p. 596-597; Dupineau sur Anjou.
(4) *Voy.* les oppositions pour Troyes, Sens, Montargis, Nivernais, Coutum. génér., t. III, p. 545, 591, 617-621.

velle (1). Les coutumes de Nivernais régissent un territoire assez considérable, situé au sud du Donziois, entre la Bourgogne et la Loire, qui le sépare de la partie du Berry soumise aux coutumes de Lorris. Plus au midi, ce territoire s'étend aussi par la rive gauche de la Loire, jusqu'aux limites du Berry et du Bourbonnais. Les principales parties dont il se compose sont le pays et comté de Nivernais avec les villes de Nevers et de Clamecy, la seigneurie de Château-Chinon et le bailliage royal de Saint-Pierre-le-Moutier (2). La coutume locale du Val-de-Lurcy, en fait de servitudes, a lieu dans sept paroisses de la châtellenie de Montenoison. En matière de successions, il y a coutume locale dans la ville et prévôté de Clamecy, aux châtellenies de Metz, Monceaux-le-Comte, Neufontaines, et dans la ville, faubourgs et prévôté de Saint-Léonard ou Corbigny (3).

3° Région du sud.

Les pays coutumiers que nous avons parcourus jusqu'ici sont situés sur la Loire ou au nord de la Loire : ceux que nous allons étudier sont entièrement au sud de cette rivière. Ils se divisent en deux groupes : ce qui reste du Berry, le Bourbonnais, l'Auvergne et la Haute-Marche à l'est : le Poitou, l'Angoumois, l'Aunis, une partie de la Saintonge et de la Basse-Marche à l'ouest.

Les coutumes générales des pays et duché de Berry, tant de la ville et septaine de Bourges que des autres villes et lieux de ce pays et duché, ne s'étendent, malgré la généralité de leur titre, que sur la partie, au reste considérable, du pays qui n'est pas comprise sous les coutumes de Montargis, de Blois et de Touraine (4). Ces coutumes

(1) Ancienne coutume, art. 11, 21, 32, 39, 75, 80, 90, 145, 148, 169, 265, Procès-verbal, Coutum. génér., t. III, p. 587, 589-594, 630.

(2) Coutum. génér., t. III, p. 1167-1169. *Voy.* les oppositions pour Sens, Auxerre, Berry. *Ibid.*, p 545, 617-621, 978.

(3) Coutume de Niv., chap. 9 et chap. 34, art. 15.

(4) *Voy.* les oppositions pour Montargis, Blois et Saint-Pierre-le-Mou-

générales mentionnent elles-mêmes la coutume locale de la ville et châtellenie d'Issoudun (1), et quelques coutumes particulieres aux ville et septaine de Bourges, ville et septaine de Dun-le-Roy, Mehun-sur-Yèvre, et Vierzon (2). D'ailleurs, un arrêt du parlement, malgré le délai fixé à peine de déchéance pour la production des coutumes locales, réserva expressément celles-ci, lors même qu'elles concernaient autre chose que les droits des seigneurs déjà réservés par les commissaires (3). Les coutumes locales de Berry, rédigées séparément, sont celles de la ville, terre et châtellenie de Châteaumeillant, assise au ressort d'Issoudun; celles de la terre et châtellenie du Châtelet en Berry; de la ville et baronnie de Châteauneuf-sur-Cher, terres de Beauvoir et Saint-Julien; de la terre et baronnie de Lignières; de la terre et justice de Rezay; de la terre et justice deThevé; de la prévôté de Troy, au ressort de Dun-le-Roy; enfin, de la terre et châtellenie de Nançay (4).

Au sud-est du Berry, au sud du Nivernais, les coutumes générales du pays et duché de Bourbonnais s'étendent sur le Bourbonnais tout entier, savoir : sur les châtellenies de Montluçon, Hérisson, Ainay, Murat, Verneuil, Chantelle-le-Château, Gannat, Billy, Bourbon -l'Archambault, la

tier, Coutum. génér.,t. III, p. 860-862, 975, 977, 978, 980, 984, 990, 991.

(1) Nouvelle coutume de Berry, tit. Ier, art. 2; tit. II, art. 16, 17, 19, 20, 24; tit. VIII, art. 4; tit. XIV, art. 30. *Voy.* aussi Coutum. génér., t. III, p. 947, note *d*, et Anc. coutume d'Issoudun.

(2) Nouvelle coutume de Berry, tit. Ier, art. 1 et 2; tit. II, art. 15, 16, 17, 18, 24; tit. X, art. 15. Anc. coutume de Mehun-sur-Yèvre.

(3) Coutum. génér., t. III, p. 979 et 994, *in fine.*

(4) Les coutumes de Vefvre et de Beaujeu sont locales de la coutume de Lorris. — Il ne faut pas confondre avec les coutumes locales les franchises et priviléges de Dun-le-Roy, Preuilly, Charost, Saint-Germain-des-Bois, la Chapelle-d'Angillon, Lury, la Perouse, Vesdun, Boussac et Châteauneuf-sur-Cher, publiés par La Thaumassière et insérés dans le Coutumier général.

Bruyère, Moulins, Germigny et Vichy, et sur quelques parties de la Basse-Auvergne, notamment sur Saint-Pourçain (1). Il y a, sous la coutume générale de Bourbonnais, les coutumes locales de Verneuil, de Billy, de Germigny, de Saint-Pourçain, et, quant aux tailles personnelles seulement, la coutume locale des quatre châtellenies de Murat, Hérisson, Montluçon et Chantelle (2).

Les coutumes générales du haut et bas pays d'Auvergne s'étendent sur les deux bailliages royaux de Montferrand et des Montagnes d'Auvergne, et sur le ressort de la sénéchaussée du duché d'Auvergne, c'est-à-dire sur toute l'Auvergne, tant haute que basse, à l'exception seulement des lieux régis par la coutume de Bourbonnais et de ceux qui sont de droit écrit. Les lieux situés au pays coutumier d'Auvergne font de beaucoup la plus grande partie de la province. On y trouve une multitude de coutumes locales concernant, pour la plupart, le réglement des biens entre époux ou les pâturages. Le détail en serait infini, et il suffira de renvoyer au 4e volume de l'excellent ouvrage de Chabrol sur la coutume d'Auvergne (1784 1785). Le territoire des coutumes d'Auvergne comprend aussi le comté de Montpensier, qui a des coutumes locales différentes selon qu'il s'agit de la ville d'Aiguesperse ou du plat pays situé hors de cette ville ; et la Haute-Marche d'Auvergne, qui se compose du pays de Combrailles et du Franc-Aleu, et où il y a aussi quelques coutumes locales.

De la Marche d'Auvergne, nous passons dans la Marche proprement dite, ou Marche de Limousin. Les coutumes générales du haut pays du comté de la Marche régissent

---

(1) *Voy.* les oppositions pour Auvergne, Coutum. génér., t. III, p. 1286, 1287, et la table des lieux de l'Auvergne régis par la coutume de Bourbonnais, dans Chabrol, t. Ier.

(2) *Voy.* la nouvelle coutume de Bourbonnais, art. 192-196, 202, 203, 498-502 ; les locales de Bourbonnais, à la fin des générales; et les locales d'Auvergne, Coutum. génér., t. IV, p. 1199.

les sept châtellenies de Gueret, Drouilles, Chenerailles, Fel-
letin, Ahun, Aubusson et Jarnages (1).

La Basse-Marche est en partie pays de droit écrit, et en
partie soumise aux coutumes générales du comté et pays
de Poitou. Le vaste territoire de ces dernières embrassait
tout le Poitou avec les siéges de Poitiers, Fontenay-le-
Comte, Niort, Montmorillon, Civray, Saint-Maixent et
Melle, l'île de Noirmontier, l'Ile-Dieu et l'île de Bonin;
la petite Marche de Poitou avec Rochechouard; la sénéchaussée de la Basse-Marche avec Bourganeuf, Pontarion,
Saint-Benoît-du-Sault, et la ville et sénéchaussée du Dorat, située aussi dans la Basse-Marche (2).

Au sud du Poitou, le pays d'Aunis et l'île de Ré sont
régis par les coutumes générales de la ville et gouvernement de la Rochelle. Les coutumes de la sénéchaussée et
pays de Saintonge au siége et ressort de Saint-Jean-d'An-
gély, s'étendent sur la partie septentrionale de la Saintonge,
jusqu'à la Charente, plus quelques lieux situés sur la rive
gauche de cette rivière, et moins quelques autres régis par
le droit écrit, quoique situés sur la rive droite (3). Enfin,
les coutumes générales de la comté et sénéchaussée d'Angoumois ont pour territoire toute la province de ce nom.

4° Région de l'ouest.

Jusqu'ici nous n'avons dépassé les limites du ressort
du parlement de Paris que par accident, pour une petite
partie du Bassigny, qui ressortit à Nancy, et pour la Sain-

(1) Coutum. génér., t. IV, p. 1101, note *a*.

(2) Il y a eu opposition pour le Dorat, dont les habitans prétendirent
être régis tant selon la disposition du droit écrit, que par des coutumes et
observances contraires à celles de Poitiers; mais il a été décidé par arrêt
du parlement, que les art. 268 et 269 de la coutume de Poitou, relatifs
aux solennités des testamens, devaient être observés au Dorat. Coutum.
génér., t. IV, p. 775, note *a*, p. 823.

(3) Coutum. génér., t. IV, p. 870. *Voy.* l'opposition pour le Poitou.
Ibid., p. 823.

tonge, qui ressortit à Bordeaux. Pour compléter la géographie des pays coutumiers de France, il nous reste à voir les ressorts des parlemens de Normandie, de Bretagne et de Bourgogne, séant à Rouen, Rennes, Dijon et Besançon (autrefois Dôle).

Le ressort de chacun des deux parlemens de Rouen et de Rennes n'est régi que par une seule coutume générale : les coutumes du pays et duché de Normandie et les coutumes générales du pays et duché de Bretagne ; mais il y a, dans le territoire de l'une et de l'autre de ces coutumes générales, plusieurs locales, que nous allons énumérer.

Dans la partie de la Normandie située au nord de la Seine, il y a d'abord la coutume locale de Caux, qui s'étend dans tout le bailliage de ce nom et sur quelques lieux de la vicomté de Rouen (1). Cette coutume locale admet elle-même certaines modifications à Gournay et à Aumale, et dans quelques autres lieux de la vicomté de Neufchâtel et de celles de Caudebec, Arques et Montivilliers. Toute cette partie de la Normandie jusqu'à la Seine est séparée de la France et du Beauvaisis par la rivière d'Epte, sauf vingt-quatre paroisses, hameaux et villages du Beauvaisis, situés au-delà de l'Epte et épars parmi les villages du vidamé de Gerberoi, qui ont été réunis à la Normandie sous le nom des *conquêts Huë de Gournay et spéciautés de Beauvoisis*, tout en conservant certaines coutumes locales (2).

Sur les deux rives de la Seine sont les bailliages de Rouen et de Gisors. Dans le premier, il n'y a que les coutumes locales de Jumièges, dans la vicomté de Rouen, et celles du village de la Haie-Malherbe, dans la vicomté du Pont-del'Arche. Les vicomtés du Pont-Audemer et d'Auge n'ont

____

(1) Coutume de Normandie, art. 279-303, 363, 434, 448, Coutum. loc. de la Vicomté de Rouen, art. 1.

(2) *Foy.* ces coutumes, et la note de Ricard sur Gerberoi, Coutum. génér., t. I⁰ʳ, p. 223.

aucune coutume locale (1). Le bailliage de Gisors ou Vexin normand a quelques coutumes locales dans chacune des quatre vicomtés de Gisors, Vernon, Andely et Lions.

Les vicomtés de Caen, de Vire, de Bayeux et de Falaise, du bailliage de Caen, ont chacune leurs coutumes locales, tandis que le bailliage de Cotentin tout entier, avec les vicomtés de Coutances, Avranches, Valognes, Carentan, et les bailliages de Saint-Sauveur-Landelin, Saint-Sauveur-le-Vicomte et Mortain, ne se régissent que par la coutume générale (2). Le bailliage d'Evreux a les coutumes locales de la vicomté et châtellenie d'Evreux et Nonancourt, celles de la vicomté de Beaumont-le-Roger, y compris le comté d'Harcourt, et celles de la vicomté et châtellenies de Conches et Breteuil : on ne voit pas que les châtellenies de Pacy et Ezy, que les commissaires déclarèrent par provision soumises aux coutumes d'Evreux et Nonancourt, se soient pourvues contre cette décision; et quant à la vicomté d'Orbec, comprenant la ville de Lisieux, les États déclarèrent se soumettre pour le tout à la coutume générale de Normandie (3). Dans le bailliage d'Alençon, enfin, il y a les coutumes locales de la vicomté et châtellenie d'Alençon, et celles de la vicomté de Verneuil (avec Châteauneuf en Thimerais, ressort normand). La coutume locale de la vicomté de Domfront a été abolie en partie du consentement des États, et en partie par provision. Les vicomtés d'Argentan et Exmes, Saint-Sylvain et le Thuit, Montreuil et Bernay, n'ont aucun usage local autre que la coutume générale de Normandie (4).

(1) *Voy.* les coutum. loc. des vicomtés de Rouen et de Pont-de-l'Arche, et le Procès-verbal des coutumes loc. Coutum. génér., t. IV, p. 135-136.

(2) Coutum. génér., t. IV, p. 139-140. Le Procès-verbal des locales passe sous silence les bailliages de Saint-Sauveur-Landelin et Saint-Sauveur-le-Vicomte. Quant à Mortain, les commissaires donnèrent acte de leurs remontrances à ceux qui prétendaient des coutumes locales; mais sans les admettre.

(3) Coutum. génér., t. IV, p. 138.

(4) Coutum. génér., t. IV, p. 137-138. — Outre les coutumes locales

Pendant que le bailliage d'Alençon avait été tenu en apanage et en duché-pairie, il avait eu un échiquier et conseil spécial, qui fut supprimé lorsque cet apanage fit retour à la couronne. La réunion du ressort de cet échiquier à celui du parlement de Rouen, eut lieu en vertu d'un édit de juin 1584, dès avant la rédaction de la coutume de Normandie (1). Le comté d'Eu, au contraire, appartenait, lors de cette rédaction, au duc de Guise, qui prétendait le tenir en pairie. Les lettres du roi Henri III ayant ordonné aux commissaires de comprendre le comté d'Eu dans la rédaction des coutumes de Normandie, et les États du comté d'Eu ayant été assignés avec les autres États de la vicomté d'Arques, un débat très-vif s'ensuivit; les Normands prétendant contre le procureur du comté d'Eu que le comté était sujet aux coutumes de Normandie et au ressort du parlement de Rouen, tandis que le comte d'Eu prétendait, par le privilége de sa pairie, ressortir au parlement de Paris. Dès avant, des lettres du roi avaient autorisé la rédaction des coutumes générales du bailliage et comté d'Eu sous l'autorité du parlement de Paris. Ces coutumes s'étendaient sur Eu, Blangy, Foucarmont et Mesnières. Quant à la vicomté d'Ourville, dépendant du comté d'Eu, et qui se composait d'Ourville, Gerponville, Gremonville, Romare et autres lieux entièrement enclavés dans les vicomtés de Rouen et de Caudebec, les habitans prétendirent qu'ils n'observaient d'autres coutumes que celles de Normandie(2). Rien ne paraît avoir été décidé sur cette opposition, non plus que sur les débats qui se sont élevés au sujet d'un grand nombre d'articles de la coutume d'Eu.

rédigées à part, l'art. 78 de la Coutum. génér. mentionne un usage particulier à la châtellenie de Saint-Jacques et au Val de Mortain; l'art. 454, un autre particulier à Pont-Audemer, Pont-l'Evêque, Lizieux, Caen, Coutances, Avranches, etc.

(1) Coutum. génér., t. IV, p. 109.
(2) Coutum. génér., t. IV, p. 172.

Les commissaires, tant pour la première rédaction que pour la réformation de la coutume de Bretagne, n'ont reçu d'autres coutumes locales que celles de la ville, faubourgs et prévôté de Rennes ; du territoire de Goëllo ; des ville, faubourgs et quatre paroisses de Vannes ; des ville, faubourgs et comté de Nantes. Mais ils déclarèrent expressément que ceux qui prétendaient des droits de convenant et domaine congéable, en useraient et jouiraient comme ils avaient fait au temps passé bien et duement (1). Les usances locales du domaine congéable ne furent donc point publiées par eux, quoiqu'elles leur fussent présentées : ce sont celles de la vicomté de Rohan, celles de l'évêché et comté de Cornouailles (excepté la juridiction de Daoulas, ramagère de la principauté de Léon), et celles de la principauté de Léon et juridiction de Daoulas (2). L'usance locale de Brouerec, recueillie dans plusieurs turbes et dans les mémoires de Gatcchair, s'étendait dans l'ancien territoire des comtes de Vannes. Outre ces usances du domaine congéable, quelques autres étaient encore reçues dans la vicomté de Porhoët, membre de l'ancien comté de Vannes, dans la ville et évêché de Saint-Malo, dans la baronnie de Fougères et dans la ville de Vitré (3).

C'est ici le lieu de dire quelques mots des usages des marches séparantes des provinces de Bretagne, Poitou et Anjou (4). Ces marches étaient des paroisses, terres et seigneuries situées sur les confins de ces provinces, et non seu-

(1) Coutum. gén., t. IV, p. 461.

(2) Il y a aussi le droit de mote dans les évêchés de Cornouailles et de Léon, et le droit de quevaise dans l'évêché de Cornouailles.

(3) L'ancienne usance de Ploërmel, Fougères, Lamballe et Quintin touchant les appropriemens a été aboli par l'art. 269 de la nouvelle coutume de Bretagne.

(4) Traité de la nature et usages des marches séparantes des provinces de Bretagne, Poitou et Anjou, par Gabriel Hulin. Rennes, 1666, et dans la coutume de Bretagne, par Sauvageau.

lement indivises par moitié , mais indivisibles entre la Bretagne et le Poitou (1) , ou le Poitou et l'Anjou , ou l'Anjou et la Bretagne. Elles n'avaient point de coutumes locales particulières , mais des usages particuliers pour déterminer la coutume suivant laquelle elles devaient se régir. On en reconnaissait de trois sortes. Dans les marches communes la juridiction s'exerçait par prévention par les deux seigneurs. Les profits féodaux et seigneuriaux leur étaient payés à chacun suivant sa coutume; les contrats se régissaient suivant la coutume du notaire qui les avait reçus; les actions personnelles, suivant la coutume de la justice où la partie la plus diligente l'avait portée par prévention. La prévention avait lieu aussi pour les actions réelles : pour le tout, lorsqu'elles étaient indivisibles ; pour l'instance seulement, lorsqu'elles étaient divisibles; le fond de la cause se décidant alors suivant chacune des deux coutumes pour moitié. Dans les marches avantagères à la Bretagne sur le Poitou, ou au Poitou sur la Bretagne, etc. , il n'y avait de commun et d'indivis que la foi et l'hommage, l'aveu et la déclaration censive, et le paiement des profits féodaux. Les obligations et les actions s'y réglaient entièrement suivant la coutume de l'avantage , à qui appartenaient aussi pour le tout la juridiction et les profits seigneuriaux. Enfin , les marches contr'hostées étaient comme un appendice et une exception aux marches communes et avantagères dans lesquelles elles étaient situées. Tous les profits tant féodaux que seigneuriaux appartenaient exclusivement à l'un des deux seigneurs, tandis que la juridiction et la coutume y variaient suivant que ces marches étaient comprises dans les marches communes ou avantagères. Outre ces trois espèces de marches , il pouvait y en avoir d'ano-

(1) La moitié indivise qui était Poitou , s'appelait Thouarçais, parce qu'elle était ordinairement mouvante du seigneur de Thouars; la moitié qui était Bretagne, s'appelait Mée, à cause de l'archidiaconé de la Mée ou moitié d'Outre-Loire, de l'évêché de Nantes.

males , où les usages qu'on vient d'expliquer étaient modi-
fiés par des titres particuliers ou par la possession.

5° Région du sud-est.

Les coutumes générales du pays et duché de Bourgogne
régissaient un territoire étendu , divisé en cinq grands bailliages , sous-divisés en plusieurs autres, savoir : le bailliage
d'Auxois , comprenant ceux de Sémur en Auxois , Arnay-
le-Duc , Saulieu et Avalon , avec le comté de Noyers ; le
bailliage de la Montagne ou de Châtillon-sur-Seine , avec
Arc en Barrois et le comté de Bar-sur-Seine (1) , enclavés
dans la Champagne ; le bailliage de Dijon , avec ceux
d'Auxonne , de Saint-Jean-de-Losne , de Nuits et de
Beaune ; le bailliage d'Autun , avec ceux de Montcenis ,
Bourbon-Lancy, Semur en Brionnais , et le comté de Cha-
rolais ; enfin le bailliage de Châlon-sur-Saône avec la
Bresse châlonnaise. Dans les bailliages de Châlon et de
Dijon étaient aussi comprises les « terres d'outre-Saône et
ressort de l'ancien parlement de Saint-Laurent, ès lieux où
l'on n'use point de droit écrit (2) ».

Les coutumes générales du comté de Bourgogne s'étendaient sur toute la Franche-Comté , dans les bailliages
d'Amont , d'Aval , de Dôle et de Besançon (3).

(1) Le comté de Bar-sur-Seine ressortissait au parlement de Paris.

(2) Coutum. génér., t. II, p. 1180-1181.

(3) J'ai compris la Franche-Comté parmi les pays coutumiers de la
France , ainsi que la Provence , le Dauphiné , la Bresse , etc. , parmi les
pays français de droit écrit , quoique ces provinces fussent originairement
des dépendances du royaume d'Arles : quant aux parties de ce royaume
qui n'ont pas été réunies à la France, la Savoie se régissait par le droit
écrit , modifié par la jurisprudence du sénat de Chambéry et les statuts
des ducs ; pour la Suisse romande , nous avons les édits de la république
de Genève , les lois et statuts du pays de Vaud , les lois et coutumes de la
souveraineté de Neufchâtel , etc. Enfin , il faut mentionner ici le style
royal suivi dans le marquisat de Saluces , lorsqu'il appartenait à la France.

II. *Pays de droit écrit du midi de la France.*

La limite entre les pays coutumiers et les pays de droit écrit ne sera pas difficile à tracer, si nous déterminons avec exactitude le sens dans lequel il convient de prendre ce nom de pays de droit écrit, dont tant de jurisconsultes, d'ailleurs très-éminens, se sont fait quelquefois de si étranges idées. Par suite de la renaissance de l'étude du droit romain au commencement du douzième siècle, ce droit acquit peu à peu une autorité de doctrine comme raison écrite et comme droit commun de tous les peuples de la chrétienté. Cette autorité, déjà solidement établie au quinzième siècle, a pu être reconnue expressément par les rédacteurs des coutumes de Bourbonnais, de la Haute-Marche, du duché et du comté de Bourgogne, sans que ces pays cessassent pour cela d'être pays coutumiers. Le droit romain planait au dessus des coutumes et des lois positives, comme une sorte de logique universelle appliquée au droit ; on y trouvait des règles d'interprétation, des règles supplétives, des analogies fécondes. Ce n'est que plus tard qu'on s'est avisé de s'en servir pour combattre, pour restreindre, pour altérer, pour supplanter les coutumes.

Ce n'est donc pas dans cette autorité générale du droit romain que pourra consister le propre caractère des pays de droit écrit : l'origine de cette distinction est plus ancienne et plus profonde. Les pays de droit écrit sont ceux où la domination romaine s'établit le plus tôt et se conserva le plus tard ; où les lois romaines avaient jeté les racines les plus profondes dans les mœurs des populations vaincues, transformées par le voisinage et par de nombreuses colonies ; où cette population fut le moins mêlée, par la suite, de conquérans barbares ; où les institutions romaines survécurent par conséquent en grande partie dans les relations privées, comme dans l'organisation municipale, à la destruction même de l'Empire. Aussi cette distinction commence-t-elle à poindre dès que le principe des lois personnelles s'affaiblit (1). Elle est nettement exprimée dans les lettres de Philippe-le-Bel, de juillet 1302, pour l'étude du droit civil et canon à Orléans, en ces termes (art. Ier) : *Super negotiis et causis forensibus, quæ spiritualitatem et fidei sacramenta non tangunt, regnum nostrum consuetudine et moribus præcipue, non jure scripto regitur; licet, in partibus ipsius regni quibusdam, subjecti, ex permissione nostrorum progenitorum et nostrá, juribus scriptis utantur in pluribus, non ut juribus scriptis ligentur, sed consuetudine juxtà juris scripti exemplar moribus introducta.*

Aussi bien la distinction des pays de droit écrit et des pays coutumiers est un fait incontestable et incontesté, ainsi que la limite qui les sépare; et l'on a seulement cherché à subtiliser sur l'explication qu'il convenait de donner de ce fait, et à élever des doutes sur sa légitimité ou sur son importance.

Le droit romain, dans celles de ses dispositions qui n'étaient pas unanimement considérées comme abolies, parce qu'il était de toute évidence qu'elles étaient inapplicables dans une société moderne et chrétienne; le droit romain ainsi réduit formait la coutume générale du midi de la France. Cette coutume générale recevait quelques modifications suivant les ressorts des divers parlemens, en vertu de la jurisprudence particulière adoptée par chacun d'eux. Enfin il pouvait y avoir, et il y avait partout des coutumes rédigées ou non, générales ou locales, mais qui ne pouvaient jamais être considérées que comme locales à l'égard du droit romain.

Les pays de droit écrit du ressort du parlement de Paris, sont : 1° Le Lyonnais, avec le Franc de Lyon, situé au-delà de la Saône et de la Loire, et le Mâconnais, où il y a

____

(1) Edictum pistense anni 864, cap. 13, 16, 20, 23, 31.]

des coutumes non écrites qui se prouvaient par turbes ;
et un style de justice particulier (1).

2° Une partie de l'Auvergne, savoir : dans la haute Auvergne, Aurillac, Mauriac, Maurs, Vic-sur-Cère , Murat,
Pierrefort, Chaudesaigues , Saint-Flour , etc. ; dans la
basse Auvergne , Saint-Paulien et quelques autres lieux limitrophes du Velay , plus un certain nombre de villes ,
villages et terres ayant autrefois appartenu au clergé, tels
que Brioude et le pays Brivadois (tandis que Langeac et le
Langhadois, situés plus au sud, sont au pays coutumier) ;
la Chaise-Dieu, Sauxillanges, Saint-Germain-Lembron ,
Issoire, Clermont, Billom, Vertaison, etc. D'autres lieux,
comme Saint-Germain-l'Herm, sont régis en partie par le
droit écrit, en partie par la coutume. Dans tous ces lieux ,
certaines dispositions de la coutume générale d'Auvergne
étaient admises, et un grand nombre de coutumes locales
modifiaient plus ou moins l'application du droit écrit (2).

3° Enfin, une partie de la Basse-Marche, savoir les châtellenies de Bellac, Rançon et Champagnac. Là aussi il y
avait sans doute des coutumes locales , puisque les habitans
du Dorat , autre ville de la Basse-Marche , qui prétendirent
être régis par le droit écrit, alléguaient en même temps des
coutumes particulières (3). Le ressort de la Basse-Marche
était autrefois à Limoges, et de là au parlement de Bordeaux; mais les lettres patentes du 25 janvier 1595 ont
attribué la Basse-Marche au parlement de Paris (4).

Le ressort du parlement de Bordeaux est régi tout entier
par le droit écrit, à l'exception seulement de la partie septentrionale de la Saintonge, au siége de Saint-Jean-d'An

____

(1) Bouhier, coutume de Bourgogne, t. I, p. 173 et suiv. ; Bibliothèque
des Coutumes, par Berroyer et Laurière; Bibliothèque de Droit de Camus.

(2) *Voy.* pour tout ceci, Chabrol , t. I et IV , et le Procès-verbal de la
coutume d'Auvergne, Coutum. génér., t. IV, p. 1222.

(3) *Voy.* plus haut.

(4) Coutum. génér., t. IV, p. 1101, note *a.*

gély, qui est pays coutumier. La Saintonge entre mer (Gironde) et Charente, au siège de Saintes, est régie par le droit civil, ainsi que l'île d'Oléron, qui en dépend. Il y a néanmoins pour cette partie de la Saintonge une usance locale insérée au Coutumier général (1), mais qui n'a pas été rédigée d'autorité publique. Aussi n'était-elle appliquée que dans trois cas : lorsque les parties en demeuraient d'accord, ou lorsque ses dispositions se trouvaient déjà confirmées par des jugemens et surtout par des arrêts, ou lorsque la preuve en était faite par notoriété.

Quant aux autres pays qui ressortissaient au parlement de Bordeaux, nous n'avons pour le Limousin, l'Agénois et le Périgord, que les anciennes coutumes des villes de Limoges et d'Agen, dont l'origine et l'autorité sont également incertaines (2); les coutumes et établissemens du château de Clermont-Souverain (3), et les statuts et coutumes de Bergerac, contenus dans une charte d'Edouard d'Angleterre, prince de Guyenne et de Galles, en date de 1368, et confirmés par les rois de France, Henri III, en 1584, Henri IV, en 1592, Louis XIII, en 1610 (4). Le Bazadois a des coutumes dont il existe deux anciennes rédactions inédites (5). La rédaction officielle en fut ordonnée en 1520, mais rien n'indique qu'elle ait jamais eu lieu.

Les coutumes générales de Bordeaux, sénéchaussée de Guyenne et pays Bordelais ont été rédigées officiellement, ainsi que les diverses coutumes de la sénéchaussée de

(1) Coutum. génér., t. IV, p. 883. *Voy.* aussi les notes qui se trouvent à cette page et à la page 870.

(2) Elles se trouvent au tome IV du Coutum. génér. *Voy.* aussi la Bibliothèque des Coutumes de Berroyer et Laurière.

(3) Imprimés à Agen, 1596, in 8°.

(4) Coutum. génér., t. IV, p. 1005. Il y a d'autres coutumes plus anciennes de Bergerac, de l'an 1334, dans le manuscrit de la Bibliothèque royale, 9850, 4. 4. (Colbert 1481).

(5) Elles se trouvent toutes deux dans le manuscrit cité à la note précédente, qui contient aussi d'anciennes coutumes de Bordeaux.

Lannes ou des Landes, savoir : les coutumes générales des pays de Marsan, Tursan et Gabardan, avec les locales de la ville du Mont-de-Marsan ; les coutumes des ville, cité, prévôté et autres lieux et paroisses des siége et ressort d'Acs ; les coutumes générales de la prévôté et siége de Saint-Sever, avec les coutumes locales de la ville de Saint-Sever et quelques autres divergences locales mentionnées dans la coutume générale (1) ; les coutumes de la ville et cité de Bayonne et de sa juridiction.

Les deux districts des provinces basques de France sont régis, l'un, situé au sud de Bayonne, par les coutumes générales du pays et bailliage de Labour ; l'autre, enclavé entre le Béarn et la Navarre, par les coutumes générales du pays et vicomté de Soule.

Ici finit le ressort du parlement de Bordeaux ; celui du parlement de Pau comprend la Basse-Navarre et le Béarn, régis chacun par ses fors et coutumes (2).

Le ressort du parlement de Toulouse s'étend sur une partie considérable de la Guyenne, savoir le Quercy et le Rouergue ; sur une partie considérable de la Gascogne, savoir, l'Armagnac, l'Astarac, la Lomagne, les quatre Vallées, le Bigorre, le Nebouzan, le Cominges et le Couserans ; sur le comté de Foix ; sur le Haut-Languedoc, composé des diocèses de Rieux, de Toulouse, de Montauban, d'Alby, de Castres, de Lavaur, de Saint-Papoul et de Mirepoix ; sur le Bas-Languedoc, où sont les diocèses de Carcassonne, de Limoux et Alet, de Narbonne, de Saint-Pons, de Béziers, de Lodève, d'Agde, de Montpellier, de Nîmes et d'Uzès ; enfin sur les Cévennes, savoir, sur les diocèses d'Alais

(1) Coutume génér. de Saint-Sever, tit. III, art. 19, 20 ; tit. V, art. 16 ; tit. VIII, art. 9-13 ; tit. IX ; tit. XI, art. 17-26 ; tit. XII, art. 30-41 ; tit. XVIII, art. 4-10, 13, 16.

(2) Fors et coustumes deu royaume de Navarre, e stil de la Chancellaria, avec l'avanzel. Orthez, 1545, in-8°.—Fors et costumas de Bearn ; Coutum. génér., t. IV, p. 4071.

(ou pays des Cévennes proprement dit), de Mende (ou Gé-
vaudan), du Puy (ou Velay) et de Viviers (ou Vivarais).

Dans tout ce vaste ressort, pays des anciens municipes
romains, le droit écrit est modifié, moins par des coutumes
proprement dites que par les chartes, priviléges, franchises et statuts des cités. Leur nombre est infini; il s'en
faut de beaucoup qu'ils aient été tous publiés; mais il
n'entre pas dans notre plan d'en entreprendre ici la re-
cherche et l'énumération (1). Nous ne devons mentionner
que les coutumes des vallées de Barége, de Lavedan, ville
de Lourde, pays de Rivière-Ousle, baronnie des Angles et
marquisat de Bénac, dépendans du comté de Bigorre (2).

Au sud du ressort du parlement de Toulouse est celui
du conseil souverain de Perpignan, comprenant la Catalo-
gne française, savoir, le comté de Roussillon ou Viguerie
de Perpignan, avec la Viguerie de Villafranca-de-Con-
flent, et une petite partie du comté de Cerdagne (Viguerie de Puycerda). C'est encore un pays de droit écrit:
Perpignan a ses usages particuliers (3).

A l'est du ressort du parlement de Toulouse, au-delà du
Rhône, deux grands pays de droit écrit, la Provence et le
Dauphiné, formant les ressorts des parlemens d'Aix et de
Grenoble, nous offrent, d'une part, un nombre considérable
de chartes et de statuts municipaux, à Arles, Marseille,
Aix, etc.; de l'autre, certains statuts provinciaux : ceux des
comtés de Provence et de Forcalquier sont insérés au Coutumier général (4); ceux du Dauphiné sont indiqués dans
la Bibliothèque des coutumes par Berroyer et Laurière.

Entre la Provence et le Dauphiné sont enclavés le Com-

(1) Les coutumes de Toulouse, insérées au Coutumier général, ont
été rédigées dès 1280 et souvent confirmées depuis par les rois de France.

(2) Bibliothèque de Droit de Camus.

(3) Libre de privilegis, usos y ordinacions de la vila de Perpinya,
Perpignan, 1651, in-4°.

(4) T. II, p. 1205 et suiv.

tat Venaissin, avec Avignon, qui a appartenu au pape jusqu'à la révolution ; et la principauté autrefois souveraine d'Orange, qui a été incorporée d'abord à la Provence et depuis au Dauphiné. Plus au nord est la principauté de Dombes, ayant un petit parlement souverain à Trévoux. Chacun de ces trois pays a ses lois, ordonnances et statuts particuliers (1), mais point de coutumes écrites.

Il y a en dernier lieu quelques pays de droit écrit dans le ressort du parlement de Dijon : ce sont les provinces de Bresse, Bugey, Valromey et Gex, entre la Saône et le Rhône, la Franche-Comté, la Savoie et la Suisse. Lors de la réunion de ces provinces à la France, en échange du marquisat de Saluces, Henri IV confirma leurs coutumes par ses lettres-patentes du mois de novembre 1601 ; il ordonna en même temps que ces coutumes fussent rédigées, mais elles ne l'ont jamais été d'une manière officielle (2).

III. *Pays-Bas.*

Notre attention ne doit pas se porter indifféremment sur toutes les provinces des Pays-Bas, ni sur toutes les terres d'Empire qui furent autrefois comprises dans les Gaules, mais sur celles-là seulement qui depuis ont été en tout ou en partie incorporées à la France, ou qui, étant wallonnes, offrent un point de ressemblance de plus avec elle, et un intérêt plus direct pour l'étude de son ancien droit.

Dans la Flandre, la grande prépondérance des communes a produit une organisation remarquable sous le rapport de l'administration de la justice, et qui n'est pas restée sans influence sur la rédaction des coutumes. Quelquefois l'échevinage forme un territoire privilégié, exempt

---

(1) *Voy.* la Bibliothèque de Droit de Camus.

(2) Bouhier, coutume de Bourgogne, t. Ier, p. 173 et suiv., 197 et suiv., 222. *Voy.* les ouvrages qui traitent de ces coutumes, dans la Bibliothèque des coutumes, par Berroyer et Laurière, et dans la Bibliothèque de Droit de Camus.

de la juridiction des châtellenies voisines, et a sa coutume séparée ; quelquefois même la châtellenie a été incorporée à la ville, la juridiction ordinaire a été réunie à l'échevinage, l'ancienne cour seigneuriale n'a conservé de juridiction que sur les fiefs ; et dans ce cas, il y a d'une part les coutumes de la ville et de la châtellenie pour les bourgeois et les biens roturiers, de l'autre, la coutume de de la cour du prince pour les nobles et les matières féodales.

Dans la Flandre wallonne, nous trouvons d'abord les coutumes générales de la salle, gouvernance, bailliage et châtellenie de Lille, avec beaucoup de coutumes locales, savoir : celles de la ville et échevinage de Séclin ; celles de l'échevinage d'Anapes ; celle des Bancs de l'Epine-l'Apostelle, membre de l'échevinage de Wepes ; celles de la prévôté et échevinage d'Esquermes ; celle de la pairie d'Esreux ; celle des Francs-Aleuds ; celle du fief du châtelain de Lille, cour et halle de Phalempin ; celles de la comté de Herlies, membre du gros du fief du châtelain de Lille ; celles de la ville et échevinage de la Bassée, enclavée dans l'Artois ; celles de l'échevinage d'Ostrincourt ; celles de l'échevinage de Neufville, en la paroisse de Phalempin ; celle de la ville et prévôté de Cysoing ; celles de la ville et échevinage de Commines ; celles de la ville et échevinage d'Armentièrières, des seigneuries de Saint-Simon et Raisse et des cours qui en dépendent ; celles de la ville de Lannoy ; celles de la seigneurie d'Erquinghem sur la Lys ; celle de la seigneurie de Tourcoing ; celles de la seigneurie de Mouvaulx ; celles du chapitre de Saint-Piat de Séclin ; celles de la seigneurie du couvent de Saint-Quentin de Lille ; celle des hameaux de Millefonsse et Bousignies, situés dans la paroisse de Hasnon, en deçà de l'Escaut ; celles de la seigneurie de Bouvines, appartenant au couvent de Saint-Amand en Peule ; celles des seigneuries situées à Templeuve en Peule ; celles de la seigneurie et quint de Salomes près la Bassée ; celles de la ville et échevinage du Pont-à-Wendin ; celles de la seigneurie de Leboutillerie , paroisse de Fleurbaix et villages voisins ; celles de la terre et seigneurie d'Ennetières en Wepes , appartenant au couvent de Saint-Pierre près Gand ; celles de la seigneurie de Camphin , appartenant au même couvent ; celles de la seigneurie et échevinage de Wahaignies ; celles des terres de l'église collégiale de Saint-Pierre de Lille , enfin celles de la seigneurie de Haubourdin et Ammerin (1).

Il faut distinguer avec soin de ces coutumes générales et locales de la salle et châtellenie de Lille , celles de la ville , taille , banlieue et échevinage de ce nom. On trouve en outre , dans la Flandre wallonne , 1° les coutumes de l'échevinage de la ville et cité de Tournay, pouvoir et banlieue d'icelle (2) ; 2° les coutumes générales et locales du bailliage de Tournay et Tournesis (3), dont il n'existe point à notre connaissance de rédaction officielle ; 3° les coutumes générales de la gouvernance , bailliage et châtellenie de Douay, Orchies et de leurs appartenances ; 4° les coutumes de la ville et échevinage de Douay ; 5° celles de la ville et échevinage d'Orchies (4) ; celles de la ville et bourgeoisie de la Gorgue , avec les coutumes particulières de la Loi-d'Arras (5).

La Flandre teutonne , tant maritime qu'impériale, offre de même un grand nombre de coutumes ; les voici telles qu'elles se suivent, en tirant du sud au nord et de l'ouest à l'est (6) :

Sur les confins de l'Artois :

(1) *Voy.* le Coutum. génér., t. II, p. 894 et suiv., p. 916 et suiv.

(2) Coutum. génér., t. II, p. 954 et suiv.

(3) *Voyez* Coutum. génér., t. II, p. 967.

(4) Coutum. génér., t. II, p. 974, 983, 995.

(5) Coutum. génér. t. II, p. 1005.

(6) Elles remplissent presque en entier la deuxième moitié du t. Ier du Coutumier général.

Les coutumes de la ville et châtellenie de Bourbourg (non compris les fiefs qui se règlent suivant la coutume de la cour dont ils sont tenus) (1);

Les coutumes de la ville et châtellenie de Cassel (y compris les fiefs), avec certaines coutumes concernant en particulier l'échevinage (art. 217 et suiv.), et les usages locaux des villes de Cassel, Hazebrouck et Watene;

Les coutumes de la ville et bourgeoisie d'Estaires (sur la Lys);

Les coutumes de la ville et châtellenie de Bailleul (y compris les fiefs).

Sur la mer :

Les coutumes des ville, châtellenie et vasselages de Bergues-Saint-Winox (non compris les fiefs), avec les coutumes locales de la seigneurie de la prévôté de Saint-Donat à Bruges, s'étendant dans la ville et le territoire de Bergues; celles de la seigneurie de Pitgam; celles de la baronnie d'Esquelsbecque et seigneurie de Ledringhem; celles de la seigneurie de Zuytkote; celles de la seigneurie de Houtkerke; celles de la ville et seigneurie de Hondtschoote;

Et les coutumes de la cour féodale et de la tour ou perron du prince à Bergues-Saint-Winox;

Les coutumes de la ville et châtellenie de Furnes et pays de Furne-Ambacht (non compris les fiefs),

Et les coutumes de la cour féodale du bourg (ou château) de Furnes;

Les coutumes de la ville de Nieuport;

Les coutumes de la ville d'Ostende.

De là à l'est jusqu'à la Lys :

Les coutumes de la ville, élection et juridiction de Poperingue, y compris celles de la cour féodale, appartenant aux religieux de Saint-Bertin, à cause de leur ville et seigneurie de Poperingue (2);

(1) Coutume de Bourbourg, rubr. 10, art. 5, *in fine*.
(2) Coutume de Poperingue, tit. 29 et 30.

Les coutumes de la salle et châtellenie d'Ypres (1),

Et les coutumes de la ville et bougeoisie d'Ypres ;

Les coutumes de la ville et bourgeoisie (et non de la châtellenie) de Rousselare (non compris les fiefs).

Sur la Lys et l'Escaut :

Les coutumes de la ville et châtellenie de Courtray,

Et les coutumes de la cour féodale du château de Courtray ;

Les coutumes de la ville et châtellenie d'Oudenarde, y compris celles des fiefs tenus de la cour et du *Steenenman* de la châtellenie d'Oudenarde (2) ;

Les coutumes de la ville et échevinage de Gand (non compris les fiefs).

Au nord-ouest de Gand, jusqu'à la mer et aux bouches de l'Escaut :

Les coutumes générales non écrites de la châtellenie de l'Auderburg, à Gand, au pays de Flandre (3), avec les coutumes locales écrites des paroisses de Desseldonck, Sledinghem, Lovendeghem, Waerschoot, Doorzele et Hyefte, qui s'y réfèrent ;

Les coutumes de la ville de Bruges,

Et les coutumes de la cour féodale du prince, du bourg (ou château) de Bruges ;

Les coutumes du pays du Franc (de Bruges) ou Franconat (y compris les fiefs) ;

Les coutumes des ville et franchise d'Ecloo et paroisse de Lembecke ;

Les coutumes de la châtellenie de Bouchaute (non compris les fiefs) (4) ;

(1) Ici la châtellenie est réunie à la salle ou cour féodale, et non à l'Échevinage.

(2) Coutume d'Oudenarde, rubrique 3.

(3) *Voy.* le Coutumier général, t. Ier, p. 825 ; la coutume de Desseldonck, art. 6 *et passim*.

(4) Qui se règlent selon la coutume de la cour dont ils sont tenus, coutume de Bouchaute, rubr. 20, art. 3.

Les coutumes de la ville et châtellenie d'Assenède (non compris les fiefs) (1).

Vers la frontière de Hainaut et de Brabant, à l'est :

Les coutumes de la seigneurie et franchise de Renaix (y compris les fiefs qui en dépendent);

Les coutumes de la ville et cité, comme aussi de la cour féodale du burgt (ou château) de Ninove;

Les coutumes des deux villes et du pays d'Alost, y compris les coutumes des fiefs tenus de la cour et de la tour à Alost (2); avec les coutumes particulières de la ville de Grandmont ou Gramont;

Les coutumes des ville et pays de Termonde (ou Dendermonde),

Et les coutumes de la cour du prince et féodale de Termonde ;

Enfin, les coutumes du pays de Waes, y compris celles des fiefs tenus de la cour dudit pays (3).

Toutes ces coutumes n'étaient que locales par rapport aux « coutumes communes et usages ordinaires du pays et comté de Flandre.» Mais les coutumes générales de la Flandre n'ont jamais été rédigées, quoique l'acte de confirmation d'un grand nombre des coutumes des villes, pays, seigneuries et châtellenies, s'y réfère expressément pour les cas non décidés par ces dernières (4). Ce n'est qu'à défaut des coutumes générales de Flandre que l'on doit recourir à la disposition du droit commun écrit : ainsi l'ordonne l'acte de confirmation de ces mêmes coutumes locales; et il faut sans doute entendre de même l'acte de confirma-

(1) Coutume d'Assenède, rubr. 17, art. 3.
(2) Coutume d'Alost, rubrique 22.
(3) Coutume de Waes, rubr. 2, art. 13.
(4) *Voy.* la conclusion des coutumes de Bourbourg, Bergues, Bruges, du Franc, de Furnes, Nieuport, Ecloo, Assenède, de la ville d'Ypres, de Rousselare, Estaires, Poperingue, Oudenarde, Alost et Waes,

tion de plusieurs autres qui ne se réfèrent explicitement qu'au droit écrit (1). Dans quelques coutumes, on a même eu soin d'avertir que ces renvois au droit écrit ne devaient avoir d'effet que pour autant qu'il était passé en coutume ou reçu en usage (2).

Le Brabant, qui borne la Flandre à l'est, n'a que peu de parties wallonnes (3); au sud du Brabant, les coutumes du pays et comté de Namur régissent un petit territoire wallon sur la Sambre et la Meuse, y compris Charlemont, Givet et les autres lieux du Namur français : ces coutumes se suppléent par le droit écrit (4). Un plus vaste territoire, pareillement wallon, est régi par les coutumes générales du noble pays et comté de Hainaut. Une ligne tirée du sud au nord, divise le Hainaut en deux parties inégales : la plus grande, à l'est, ressortit au chef-lieu de Mons, et comprend Lessines, Ath en partie, Braine-l'Aleut, Braine-le-Comte, Soignies, Rœux, Saint-Guilain, Binche, Quiévrain, Bavai, Maubeuge, Berlaymont, Solre-le-Château, Landrecies, Avesnes, Beaumont, Barbançon, et le chef-lieu de Chimay; l'autre, à l'ouest, ressortit à Valenciennes, et comprend Ath en partie, Leuze, Condé, Saint-Amand, Crespin, Bouchain, Quesnoy et Solesmes (5). Cette se-

---

(1) *Voy.* la conclusion des coutumes de Cassel, de la châtellenie d'Ypres, de Gand, Ninove, de la salle de Lille; et l'intitulé de la coutume de la ville de Lille. Les coutumes de Desseldonck se réfèrent en premier lieu aux coutumes de la châtellenie d'Auderburgh, et ensuite au droit écrit. L'acte de confirmation des coutumes d'Ostende, Bouchaute, Bailleul, Termonde, Tournay et de la ville de Douay, ne renvoie ni aux coutumes générales de Flandre, ni au droit écrit.

(2) Conclusion des coutumes de Courtray, Renaix, Orchies et la Gorgue.

(3) *Voy.* pour ses coutumes la Bibl. de Droit de Camus, et les coutumes de Bruxelles, Nivelle et Malines, dans le Coutumier général, t. Ier.

(4) *Voy.* la conclusion des coutumes de Namur.

(5) *Voy.* la table des lieux ressortissant aux deux chefs-lieux, Coutumier général, t. II, p. 198-260. Pour Chimay, *voy.* l'art. 2 du chap. Ier de sa Coutume.

conde partie est régie, outre les coutumes générales de Hainaut, par les coutumes de la ville, banlieue et le chef-lieu de Valenciennes; la première, par les coutumes du chef-lieu de la ville de Mons et des villes et villages qui y ressortissent, sauf pourtant les coutumes locales de la ville de Binche, les coutumes de la franche ville de Lessines, et les coutumes des droits et juridictions appartenant aux majeur et échevins de Chimay, à cause de leur chef-lieu. Il paraît que l'usage était de suppléer les coutumes de Valenciennes par le droit écrit, celles de Mons par les analogies des coutumes voisines (1).

La dernière grande province des Pays-Bas dont nous ayons à nous occuper ici, séparée des précédentes par l'évêché de Liége et autres terres d'Empire, était régie par les coutumes générales des pays et duché de Luxembourg et comté de Chiny. Une partie du Luxembourg ayant été réunie à la France, fut maintenue par capitulation dans ses priviléges, franchises et louables coutumes. Il fut toutefois fait une rédaction séparée de ces dernières, dont le titre indique suffisamment le territoire : ce sont les coutumes générales de la ville de Thionville et des autres villes et lieux du Luxembourg français, savoir, du bailliage de Carignan, des prévôtés royales de Montmédy, Damvillers, Marville, Chauvancy et autres lieux.

Dans chacune des provinces des Pays-Bas, Flandre, Brabant, Namur, Hainaut, Artois, la justice était rendue en dernier ressort, sous la domination espagnole et autrichienne, par le conseil de la province, sauf le recours au conseil privé du prince. Après la réunion d'une partie des Pays-Bas à la France, l'Artois et la châtellenie flamande de Bourbourg, avec Gravelines et Dunkerque, passèrent sous le parlement de Paris. Le reste de la Flandre française, le Hainaut français, tant de l'ancien ressort de Mons que de

____

(1) Coutum. génér., t. II, p. 44, note a.

celui de Valenciennes, et le Namur français, ressortirent au parlement de Flandre séant à Douai; le Luxembourg français, au parlement de Metz.

Dans le Luxembourg est situé le duché de Bouillon, auquel touche la principauté souveraine de Sedan. Une partie de celle-ci, la seigneurie de Raucourt, s'étend sur la rive gauche de la Meuse, en Champagne; une autre, Jametz, est enclavée entre le Verdunois, le bailliage de Saint-Mihiel et le Luxembourg français. Ces petits territoires indépendans étaient régis, d'une part, par les coutumes du duché de Bouillon; de l'autre, par les coutumes générales des seigneuries de Sédan, Jametz, Raucourt, Florenges, et autres terres souveraines du duc de Bouillon.

IV. *Terres d'Empire.*

Les terres d'Empire qui intéressent la géographie de la France coutumière, soit comme wallonnes, soit pour avoir été réunies depuis à la France, sont le Cambresis, le pays de Liége, les Trois-Evêchés (1), la Lorraine avec une partie du Barrois, et l'Alsace.

Les coutumes générales de la cité et duché de Cambrai, pays et comté de Cambrésis, se suppléent par le droit romain, auquel l'acte de leur confirmation se réfère expressément. Leur territoire, enclavé entre la Flandre, le Hainaut, l'Artois et la Picardie, faisait partie du ressort du parlement de Douai.

Les coutumes du pays et principauté de Liége régissent le temporel de l'évêché de ce nom, qui faisait partie du cercle de Westphalie.

Les Trois-Évêchés étaient enclavés presque de toutes parts dans la Lorraine, et ne touchaient que par quelques points à la Champagne et au Luxembourg français. Ils ressortis-

(1) *Foy.* pour les Trois-Évêchés, la Lorraine et le Barrois non mouvant, la carte de Lorraine en six feuilles, par Jaillot.

saient au parlement de Metz, et étaient régis par les cinq coutumes suivantes :

Les coutumes générales de la ville et cité de Metz et pays Messin ;

Les coutumes du bailliage (ou temporel) de l'évêché de Metz, avec les municipales (ou locales) de Remberviller, Bacarat et Moyen ;

Les coutumes générales de la terre, abbaye et seigneurie souveraine de Gorze, appelées vulgairement le Droit Sainte-Gorgone ;

Les usages locaux de la ville et bailliage de l'évêché de Toul et pays Toulois (1).

Les coutumes générales de la ville, cité et bailliage de l'évêché et comté de Verdun et pays Verdunois, appelés communément les coutumes et droits de Sainte-Croix (2).

A la cour souveraine de Nancy ressortissait la Lorraine, ainsi qu'une partie du Barrois, appelée le Barrois non mouvant, par opposition à celui qui était mouvant de la France et une sorte d'annexe de la Champagne. Outre la sénéchaussée de Bourmont et la Motte, régie par les coutumes de Bassigny, le Barrois non mouvant se gouvernait par les coutumes du bailliage de Saint-Mihiel, sous lesquelles étaient compris Saint-Mihiel, Briey, Étain, Longuyon, Longwy, Thiancourt, Pont-à-Mousson, Fong, Dun et Stenay.

La Lorraine se composait, à l'époque de la rédaction de ses coutumes, de trois grands bailliages et de quelques autres territoires. Elle était régie par les coutumes générales des trois bailliages de Lorraine, Nancy, Vosges et Allemagne ; par les coutumes du petit bailliage d'Epinal, et par

(1) Autorisés par lettres du 30 septembre 1745, imprimés à Metz, in-12.

(2) Ancienne rédaction non officielle dans le Coutumier général, t. II. Nouvelle rédaction autorisée par lettres patentes du 30 septembre 1746, imprimée à Metz, in-12.

les coutumes de la ville et prévôté de Marsal. Dans le baillage des Vosges, à la frontière d'Alsace, près de Gérard-mer, il y avait la petite coutume locale de la commune de la Bresse, rédigée sous le duc Charles III, en 1595 (1).

En terminant, nous nommerons l'Alsace, plutôt que nous ne traiterons des diverses coutumes locales non écrites qui y étaient en vigueur. La loi générale de la province était le droit écrit, modifié par les ordonnances d'Alsace, le style et la jurisprudence du conseil souverain d'Alsace, dont le siége était à Colmar. Strasbourg avait ses franchises et statuts municipaux particuliers.

(1) *Voy.* Bexon, Histoire de Lorraine, et la notice de M. Richard, biblio-thécaire de Remiremont dans l'*Echo des Vosges*, 1837.

CHAPITRE III.

Dispositions des coutumes.

Le détail des dispositions de toutes les coutumes générales ou locales, écrites ou non écrites, décrétées ou simplement accordées, qu'il nous a fallu énumérer aux paragraphes précédens, serait infini. Il remplit les quatre volumes in-folio, de plus de 1200 pages chacun, du *Coutumier général* donné par Bourdot de Richebourg en 1724; et encore ce recueil n'est-il pas complet. La *Conférence des Coutumes*, publiée par Guénois en 1596, est un volume in-folio de 1600 pages (non compris les tables). Elle n'embrasse pas à beaucoup près autant de coutumes que le Coutumier général de 1724 : toutefois les plus importantes s'y trouvent, et cette laborieuse compilation fait honneur à la patience et à la science de l'auteur. Par une sorte de dissection du texte des diverses coutumes, tous les articles de chacune d'elles, contenant sur la même question des dispositions semblables ou contraires, se trouvent rapprochés et insérés textuellement à la suite l'un de l'autre. Mais, il faut le dire, ces rapprochemens ne sont pas toujours heureux et ne pouvaient pas l'être, parce que les articles des diverses coutumes ne se correspondent pas toujours exactement; et ils n'ont été obtenus qu'au prix de bien fâcheux sacrifices. Isolé, arraché de l'ensemble de dispositions qui l'explique, chaque article ne dit plus tout ce qu'il devrait dire. La multiplicité des questions secondaires, l'interminable répétition des mêmes choses dans des rédactions différentes, dissipent l'attention et voilent les grands traits de notre ancien système coutumier et de ses principales variantes. La Conférence de Guénois, utile pourtant comme répertoire, est plus propre à augmenter la confusion qu'à la dissiper par une généralisation exacte et une classification nette et précise.

Aussi n'est-ce pas l'exiguité seule du cadre dans lequel je dois me renfermer ici, qui m'a fait une loi de tenter une route nouvelle : l'intérêt de la science y est au moins pour moitié. Il a fallu me borner; il a fallu choisir un nombre suffisant et de coutumes et de questions, et sacrifier le reste. Enumérons ces sacrifices : il faut que le lecteur sache au juste ce qu'il trouvera et ce qu'il ne trouvera pas dans ce travail.

D'abord, j'ai cru devoir négliger les coutumes locales, et à cause de leur grand nombre, et parce qu'il en est beaucoup qui n'ont pas été rédigées ou décrétées en due forme. La coutume générale fait loi jusqu'à preuve des dérogations locales : je n'ai noté ces dérogations qu'accidentellement, lorsqu'elles paraissaient avoir une importance particulière. A plus forte raison a-t-il fallu omettre ce qui n'était ni coutume générale, ni même coutume locale, mais charte, privilége, franchise, titre ou droit particulier.

En second lieu, j'ai exclu les coutumes des Pays-Bas, des terres d'Empire, et celles des pays de droit écrit du midi de la France : je me suis borné aux cinquante-deux coutumes générales des pays coutumiers de la France proprement dite, telles que je les ai énumérées dans la première division du paragraphe précédent.

Troisièmement, tout ce qui, dans ces coutumes, est relatif au droit public, aux droits de justice et aux banalités, aux droits féodaux et seigneuriaux, aux municipalités, à la police, aux eaux et forêts, aux crimes, délits et peines, à la procédure, enfin à l'état politique des personnes nobles ou roturières, franches ou serves, etc., m'a paru devoir être exclu de ce travail : je me suis renfermé sévèrement dans les limites du droit civil. Pour le droit civil lui-même, j'ai fait choix d'un certain nombre de points sur lesquels j'ai concentré exclusivement toute mon attention. J'espère n'avoir rien omis d'essentiel.

Enfin, lorsqu'une coutume est muette sur quelqu'une des questions que je devais successivement aborder, je n'ai pas tenté de suppléer ici à son silence, parce que je n'aurais pu le faire qu'en me jetant dans des discussions à perte de vue, à travers les controverses des auteurs, la contrariété des arrêts, les variations des ordonnances. Si ce travail peut aspirer à quelque utilité et à quelque mérite, c'est à condition d'être court, net et positif. Une lacune, dont j'avertis, avait moins d'inconvéniens que les longueurs et les incertitudes (1).

I. *De la capacité personnelle.*

Age.

La capacité personnelle, quant à la jouissance des droits, dépend de l'état et de la condition des personnes. Les droits des nobles et des roturiers, des bourgeois et des vilains, des serfs et des francs, ne sont pas en toutes choses les mêmes. Les aubains et les bâtards sont, à certains égards, assimilés aux serfs. Le sexe influe aussi, jusqu'à un certain point, sur la jouissance des droits civils.

La capacité, quant à l'exercice des droits, est limitée à raison de l'âge et de la soumission à la puissance paternelle ou maritale.

La plupart de ces conditions pour la jouissance et l'exercice des droits, ou ne rentrent point dans notre plan, ou trouveront leur place plus bas. Nous n'avons à nous occuper

---

(1) Je cite toujours la dernière rédaction des coutumes qui en ont eu plusieurs, à moins que le numéro de l'article de la coutume ne soit précédé d'un A (ancienne coutume).

ici que de l'âge de la majorité, tant féodale que commune, et de l'âge réquis pour tester.

I. La majorité féodale est l'âge où le vassal peut lui-même relever le fief et le servir, et avant lequel le seigneur est tenu de bailler souffrance, si le fief n'a été relevé par un gardien ou baillistre qui en fait les fruits siens.

Les coutumes fixent la majorité féodale à des époques très-diverses, qu'on peut toutefois ramener à deux systèmes distincts.

Dans le premier, la majorité féodale est fixée, sans distinction de sexe, à vingt ans, comme en Normandie (198), en Bretagne (arg. art. 483), dans la Haute-Marche (200) et en Auvergne (XXII, 28); ou bien elle flotte, pour les mâles, entre dix-huit et vingt-un ans, pour les filles, entre quatorze et dix-huit: ce qui a lieu dans la France proprement dite, dans une partie du Vermandois et de la Champagne, dans presque tout l'Orléanais, dans le Maine, l'Anjou, la Touraine et le Bourbonnais (1).

Dans ce premier système, il est à remarquer que la fin

(1) *Pour les mâles :*   *Pour les filles :*

A 21 ans. . . . . 15 ans . . . . (Chartres, 42. Dreux, 31. Châteauneuf, 44.)

20 ans . . . . 18 ans . . . . (Mantes, 27.)

20 ans et un jour. . . 16 ans et un jour . . (Senlis, 155.)

20 ans. . . . . 16 ans. . . . . (Grand-Perche, 41. Bourbonnais, art. 173, 180.)

20 ans et un jour. . . 15 ans et un jour . . (Valois, 75. Clermont en Argonne, III, 14.)

20 ans . . . . 15 ans. . . . . (Paris, 32. Étampes, 20. Dourdan, 31. Montfort, 22. Laon, 174. Châlons, 181.)

20 ans et un jour . . 14 ans et un jour. . . (Orléans, 24. Montargis, I, 28. Dunois, 11.)

20 ans . . . . 14 ans. . . . . (Maine, arg. art. 99,

de la garde noble ou du bail coïncide ordinairement avec la majorité féodale, (1) quoique, dans quelques coutumes, elle arrive par exception dès l'âge de la puberté romaine, à quatorze ans pour les mâles et à douze ans pour les filles (2). La puberté est aussi l'âge où finit la garde bourgeoise dans la plupart des coutumes qui l'admettent (3). Dans les coutumes de Bar (69) et de Clermont en Argonne (XII, 9), la garde noble des mâles finit à seize ans, et celle de filles à quatorze ans.

Dans le second système, la fin de la garde noble ou du bail et la majorité féodale coïncident toujours, et sont fixées, pour les mâles à quatorze ou quinze ans, pour les filles à onze ou douze. Ce système est suivi dans l'Artois, la Picardie, une partie du Vermandois, la plus grande partie de la Champagne, le duché de Bourgogne, le Nivernais, le Berry et le Blaisois (4).

Pour les mâles :	*Pour les filles :*	
		455. Anjou, arg. art. 86.)
18 ans et un jour. . .	14 ans et un jour. . .	(Clermont en Beauvaisis, 91. Sens, 158.)
18 ans	14 ans.	(Touraine, 344. Loudunois, arg. XXXIII, 1. Melun, N. 32.)

(1) Paris, 268. Étampes, 89. Dourdan, 127. Montfort, 117. Mantes, 181. Clermont en Beauv., 172. 176. Valois, 75. Sens, 158. Chartres, arg. art. 41. Montargis, I, 28. Grand-Perche, 172. Touraine, 340. Loudunois, XXXIII, 1. Maine, 99. Anjou, 86. Bourbonnais, arg. 180. — En Normandie (223), la garde royale finit à 21 ans, toute autre garde à 20 ans.

(2) Laon, 261. Melun, 290. Marche, 74.

(3) Paris, 268. Étampes, 89. Montfort, 117. — Elle finit, par exception, à Dourdan (127) et à Reims (333) à 25 ans seulement.

(4) *Pour les mâles : Pour les filles :*
A 15 ans. . . . . . 12 ans. (Vitry, 65.)
15 ans. . . . . . 11 ans. (Boulenois, 77. Ponthieu, arg. art. 58.)
14 ans. . . . . . 12 ans. (Amiens, 134. Péronne, 58. 226. Calais, 139. Chauny, 134. Saint-Quentin, 77. 98. Reims, 113. 332. Chaumont,

Une disposition tout-à-fait exceptionnelle est celle de la coutume locale du Perche-Gouet: elle fixe la majorité féodale à quatorze ans, sans distinction de sexe (1).

II. La majorité coutumière en matières communes et non féodales, a été supplantée presque partout par la majorité romaine de vingt-cinq ans. Celle-ci a été expressément introduite en Auvergne (XIII, 1) du consentement des Etats; ailleurs elle avait prévalu dès avant la rédaction officielle des coutumes, et elle est ordinairement présupposée par les rédacteurs. La coutume de Vitry la réduit à vingt-quatre ans accomplis et le 25e entamé (2). Toutefois, dans le Ponthieu, l'Artois, le Maine et l'Anjou, et dans le bailliage de Montargis, l'ancienne majorité coutumière s'est seule conservée, et sous bon nombre de coutumes il en est resté des traces, l'âge de vingt-cinq ans n'ayant été exigé que pour l'aliénation des immeubles, non pour la jouissance et l'administration des biens, ni pour disposer des meubles.

Ces traces méritent d'être recueillies. On y reconnaît les deux mêmes systèmes indiqués il y a un instant pour la majorité féodale, mais autrement répartis sur le territoire de la France. Entre les coutumes qui, pour la majorité féodale, suivent le premier système, celles de Normandie (451), de Paris, (272. 289), Laon (56', Châlons (7. 8) et Clermont en Argonne (VI, 7), exigent vingt ans; celles d'Orléans (182.

Pour les mâles : Pour les filles : 12. Troyes, 18. Meaux, 145. 153. Duché de Bourgogne, -VI. 4. Nivernais, IV, 5. Berry, I, 37. Blois, 8. 58.)

14 ans. . . . . . . 11 ans. (Artois, arg. art. 154.)

(1) Cout. de Chartres, art. 41. 42. — Sont muettes, quant à la majorité féodale et à la fin du bail, les cout. de Bassigny, Auxerre, Poitou, Angoumois, La Rochelle, et du comté de Bourgogne; quant à la majorité féodale seulement, la cout. de Bar.

(2) Cout. de Vitry, art. 65. — *Voyez* aussi cout. d'Anjou, art. 251, comparé à Clermont en Argonne, VIII, 23. Bourbonnais, 312. Haute-Marche, 247. Bretagne, 499. Normandie, 298.

185), de Touraine (arg. 346), de Loudunois (XXXIV, 1)
et de la Marche (74. 85), au contraire, quatorze ou douze ans,
suivant la différence des sexes (1). Les coutumes de Bourbonnais (175) et du Grand-Perche (172), fixent la majorité
suivant les sexes à vingt ou à seize ans ; celle de Montargis (VII, 5. 7), à vingt ans et un jour ou à quatorze ans et
un jour. En Bretagne, le noble est émancipé à vingt ans,
le roturier peut l'être à dix-sept ans (483. 493. 494). Dans
l'Anjou (444) et le Maine (455. 456), la majorité des nobles
est fixée à vingt ans pour les mâles, à quatorze pour les
femmes ; celle des roturiers l'est sans distinction de sexe à
vingt ans, pour la disposition des immeubles sans interven-
tion de la justice, à quatorze ans pour disposer des meubles, jouir de ses biens et les administrer (2).

Entre les coutumes qui, pour la fixation de la majorité
féodale, suivent le deuxième système, celles de Ponthieu (58),
Boulenois (119), Chauny (A. 137), Vitry (65) et du duché
de Bourgogne (arg. VI, 3. 4. 6), font coïncider avec la majo-
ritéféodale la majorité commune. Celles de Péronne (254),
Amiens (135) et Calais, (66. 80), au contraire, fixent cette
dernière à vingt ans; celle de Rheims (6. 8. 9. 35), à vingt
ou dix-huit ans selon les sexes. La coutume d'Artois (14)
exige, selon cette même distinction, vingt ans ou seize pour
aliéner ses immeubles, et quatorze ans ou onze pour administrer ses biens. Enfin les coutumes de Nivernais (XXII,
2. XXIII, 22. XXX, 5. 6) et de Berry (I, 14. 57. II, 54.
XVIII, 10. XX, 1), font finir la tutelle à la puberté (à
quatorze ou douze ans), mais exigent vingt ans pour certains cas particuliers (3).

(1) Telle était aussi l'ancienne fixation de la majorité dans les coutumes de Bourbonnais (33. 173) et d'Auvergne (XIII, 1).

(2) Dans la cout. du Maine, les meubles précieux ne peuvent être alié-
nés comme les immeubles qu'à 20 ans.

(3) On trouve aussi, pour certains cas particuliers, l'âge de 18 ans

Entre les coutumes muettes sur l'âge de la majorité féodale, celle d'Auxerre (arg. art. 218. 225) exige, suivant les sexes, vingt ou dix-huit ans pour l'ancienne majorité commune. Dans le Poitou, l'Aunis, la Saintonge et l'Angoumois, la majorité de vingt-cinq ans paraît avoir été plus qu'une importation récente des docteurs du droit romain. Toutefois, dans la Saintonge (art. 5), les nobles sont hors de toute tutelle ou curatelle dès vingt-un ans.

III. L'âge requis pour tester est le plus généralement de vingt ans aux mâles, et de dix-huit aux filles (1), ou de vingt ans sans distinction de sexe (2). Dans le Poitou (276), il faut vingt ou dix-huit ans, pour tester des immeubles, dix-sept ou quinze pour tester des meubles; dans l'Angoumois (119), le fils de famille peut tester à dix-sept ans. L'âge de tester est, dans le Berry (XVIII, 1), la pleine puberté fixée à dix-huit ans. Sous la coutume de Clermont en Argonne, il est de dix-huit ans pour les mâles, de quatorze ans pour les filles (3). Enfin, en Normandie (414-415), on peut tester du tiers de ses meubles à seize ans, et de tous ses meubles à vingt.

pour les mâles et de 14 ans pour les femmes prescrit par les cout. de Berry (I, 22), de Bourbonnais (174) et de la Haute-Marche (294).

(1) Paris, 293. Étampes, 103. Dourdan, 401. Montfort, 89. Mantes, 155. Péronne, 164. Amiens, 56. Laon, 59. Saint-Quentin, 20. Reims, 290. Châlons, 68. Sens, 68. Melun, 147. Grand-Perche, 131. Touraine, 324. Auxerre, 225. — Pour tester soit des immeubles en général, soit du moins des propres, il faut 25 ans, excepté à Saint-Quentin et à Sens.

(2) Calais, 86. 87. Bar, 74. Orléans, 293-294. — Pour tester des immeubles à Orléans, et des propres à Calais, il faut 25 ans.

(3) Cout. de Clermont en Argonne, VII, 2. Il faut 25 ans pour tester des immeubles autrement que pour causes pies.

II. *Des biens.*

1° Distinction des biens.

I. La coutume de Paris (88) dispose expressément qu'il y a deux sortes de biens seulement, c'est à savoir, meubles et immeubles (1).

D'après la plupart des coutumes, sont immeubles, les fonds de terre, avec les fruits pendans par branches et racines, et le poisson en fosses ou étangs ; les maisons et édifices, avec ce qui y tient par fer, clou, crochet, cheville, chaux ou plâtre, et ce qui ne peut être enlevé sans fracture ou détérioration ; enfin, tout ce qui a été mis à perpétuelle demeure et pour l'exploitation du fonds.

Par exception, les fruits ou du moins certains fruits, après certaines époques de l'année, le bois et le poisson, après un certain laps de temps, sont réputés meubles dans plusieurs coutumes, quoiqu'ils ne soient pas encore ameublis de fait par la séparation, la coupe ou la pêche (2).

Ces dispositions ne sauraient être considérées comme absolues, puisqu'on voit qu'elles ne s'appliquent pas toujours en cas d'extinction d'usufruit ou de douaire, ni en saisie de fief (3).

Mais ce qui est plus digne encore de remarque, ce qui

(1) La cout. de Calais, art. 1, contient la même disposition. Celle de Reims (art. 16) semble dire la même chose : Tous biens sont meubles ou immeubles, censés ou réputés pour meubles ou immeubles.

(2) Cout. de Boulenois, 139. Laon, 104. 105. Reims, 49. Châlons, 112. 113. Vitry, 37 *in fine,* 94 *circa med.* 114. Clermont en Argonne, X, 6. Blois, 229. Nivernais, XXVI, 4-5. Bourbonnais, 285. 374. Normandie, 488. 505.

(3) Pour la saisie de fief, *voyez* cout. de Nivernais, IV, 57. Bourbonnais, 374. — Pour le douaire, cout. de Vitry, 94. Laon, 49. Rheims, 252. Châlons, 252. — Cf. cout. d'Amiens, 123. Clermont en Beauvaisis, 165. Troyes, 86. Bretagne, 600. — *Secus* pour le douaire, Boulenois, 106.

explique en même temps la singularité que nous venons de signaler, c'est que quelques coutumes admettent une sorte de biens intermédiaires entre les meubles et les immeubles : les cattels ou catheux (1). Ce sont des biens réputés immeubles d'après la présomption générale, mais considérés néanmoins comme meubles dans certains cas particuliers, principalement en partage de communauté et de succession.

Par la coutume d'Artois (159. 141-144. 146), les granges, étables et maréchaucées (écuries), les blancs bois qui ne sont pas à coupe ordinaire, les blés verts et autres *advestures* après la mi-mai, sont catheux; et à ce titre, ils tombent en communauté, et vont à l'héritier des meubles (2). La coutume de Boulenois (75) règle de même, comme succession mobilière, les granges, étables et blancs bois (3).

Le nom de catheux ou cattels ne se trouve que dans les coutumes générales et locales d'Artois, dans les coutumes de Boulenois (82. 87), et dans celles de Montreuil (47) et de Beauquesne (10-12), locales d'Amiens. La chose se

---

(1) Cout. de Beauquesne, art. 10 : Bleds verds jusques à la my-may sont réputez immeubles; et depuis ledit temps sont réputez catheux, et après pied couppé, meubles.

(2) Mais bois à coupe ordinaire, est réputé immeuble, s'il n'est ameubli. Artois, art. 143, auquel déroge, par une disposition remarquable, la coutume du bailliage de Lilliers, tit. 1, art. 8 : Chênes au dessus de 7 ans et en dessous de 60 ans sont réputés héritages (immeubles). — Les coutumes locales d'Arras (art. 4 et 5), vont encore plus loin que la générale d'Artois : Tous héritages situez esdites ville, loy, banlieue et eschevinage, sont de telle nature, qu'ils ne tiennent la cotte ne la ligne dont ils procèdent. Tous lesdits héritages sortissent nature de meuble. — *Voyez* des dispositions semblables. Lille, 1.6. La Bassée, 6. Salle de Lille, VII, 11. Esreux, art. unique. Ces dispositions tout-à-fait exceptionnelles introduisent un droit nouveau et favorable aux transactions des bourgeois dans un pays laborieux et marchand.

(3) Mais la douairière prend son douaire sur les granges et étables, qui sont par conséquent réputées immeubles quant au douaire. Coutume de Boulenois, 168.

trouve ailleurs. Tandis que les coutumes de Paris (231),
Orléans (208), Bar (85), Bassigny (56), Calais (55),
excluent les fruits pendans de la communauté, et obligent
seulement l'époux propriétaire du fonds ou ses héritiers à
rembourser la moitié des frais de culture, les coutumes de
Troyes (88), Chaumont (74), Meaux (71), Montargis (VIII,
15), Châteauneuf (69), du Maine (256), d'Anjou (239), de
Berry (VIII, 25, considèrent au contraire comme meubles
et font tomber en communauté les fruits industriels produits à frais communs de semailles ou de culture, quoique
la dissolution de la communauté arrive avant la récolte, et
avant même que les travaux de culture soient terminés. Il
en est de même, tant en partage de communauté qu'en
succession, sous la coutume d'Auxerre (195), pour les blés
incontinent après les semences faites, et pour les vignes à
partir du 16 mai; et en partage de communauté seulement, sous la coutume de Nivernais (XXV, 2. 3), pour
les fruits de la terre après les labourages parfaits, et dès
avant les époques où, en d'autres cas, ils deviennent meubles (1). La coutume de Normandie (516) répute meubles
les pépinières qui doivent être levées dans l'année de la
dissolution du mariage, quant au partage entre la veuve et
les héritiers du mari. La coutume de Blois (184. 185)
déclare communs les fruits de l'année, y compris le poisson, si l'étang est en pêche l'année où la dissolution de la
communauté arrive.

La coutume du Bourbonnais (284, 285) fait une distinction entre les fruits de la terre et le poisson : les premiers
sont communs; le second, jusqu'à deux ans après l'empois-
sonnement, est immeuble et propre, à charge de restituer
les frais au *prorata*, si mieux n'aime le propriétaire laisser
les co-partageans prendre leur part dans la pêche. Ce système d'option, qui tient le milieu entre celui d'exclusion

____

(1) *Voyez* ci-dessus. — *Secus* pour le poisson : Nivernais, XXVI, 61.

de la communauté et celui de prolongation partielle de cette même communauté quant aux fruits non séparés du fonds, est aussi suivi par les coutumes de Chartres (60), Dreux (51) et Clermont en Argonne (V, 18), et par celle de Laon (23) pour les fruits de la terre.

Un quatrième système est celui des coutumes de Châlons (111. 114), tant pour les fruits de la terre que pour les bois taillis, et de Laon (106) pour le poisson et les taillis seulement. Ils se partagent comme meubles après les époques où la coutume les répute ameublis, et au *prorata* du temps qu'a duré la communauté, si elle vient à se dissoudre avant ces époques (1).

Enfin quand les coutumes de Montargis (XIII, 7) et de Dunois (78) décident que les meubles et conquêts immeubles, quant à la succession, sont réputés d'une même nature et condition, n'est-ce pas dire implicitement que les conquêts sont aussi en quelque sorte catheux? A ce titre, il n'y aurait guère de coutume qui n'admît cette troisième classe de bien. Mais, en laissant au nom de catheux sa signification propre et restreinte, on voit que les coutumes se divisent, quant à la distinction des biens, en coutumes qui ne reconnaissent que des meubles et des immeubles, et en coutumes qui admettent des meubles, des immeubles et des catheux.

Une fiction analogue à celle des catheux en matières de partages, fait considérer comme meuble soit ce qui tient aux fonds par fer, cheville ou plâtre, soit ce qui est mis

---

(1) C'est aussi *prorata* du temps qu'a duré la communauté que se partagent les fruits civils, arrérages, loyers, fermages; de sorte qu'entre époux et autres personnes communes les fruits civils sont censés s'ameublir jour par jour, tandis que la règle générale est qu'ils ne deviennent meubles qu'à l'échéance. — Par exception, les rentes et fermages sont quelquefois censés meubles, avant l'échéance, sitôt que les fruits pour lesquels ils sont dus ont été coupés ou recueillis. Cout. de Ponthieu, 57. Clermont en Argonne, X, 7. Orléans, 207, et Normandie, 510.

pour servir à l'exploitation, comme les cuves et pressoirs, lorsqu'il y a été mis non par le propriétaire, mais par l'usufruitier, le fermier, le locataire, qui peuvent l'enlever à charge de remettre les lieux en bon état (1). Ici se rangent aussi les constructions faites de bonne foi sur le sol dont on n'est point propriétaire, comme par le mari sur l'héritage propre de sa femme.

Par une fiction inverse de celle des catheux, la coutume de Normandie (519) répute immeubles les bateaux et navires après leur saisie.

II. La distinction des immeubles en fiefs, censives et francs-aleux, ne rentre pas par elle-même dans notre cadre, quoiqu'il en soit fait de nombreuses applications même dans les matières de droit civil. Il suffira d'observer que quelques coutumes distinguent entre les fiefs nobles et les fiefs restreints ou ruraux (2), et entre l'aleu noble et l'aleu roturier (3). D'autres coutumes opposent simplement les biens nobles aux biens roturiers.

Nous ferons plus bas un grand usage de la distinction des immeubles en propres, acquêts et conquêts.

Les propres, biens patrimoniaux ou de naissant (4), sont les immeubles descendus à leur possesseur par succession directe ou à lui échus en succession collatérale, auxquels on assimile les immeubles donnés en avancement d'hoirie ou retirés par retrait lignager, etc.

Tous les immeubles acquis à d'autres titres, par achat, ou par don entre étrangers, etc., s'appellent acquêts.

En communauté entre époux ou autres personnes, les immeubles propres à chacun, comprennent d'abord des

(1) Touraine, 226. Berry, IV, 5. Normandie, 547. 548.

(2) Cout. d'Amiens, 225. 232. Cout. de Nivernais, IV, 29.

(3) Paris, 68. Vitry, 19. 20. Troyes, 52.53. Clermont en Argonne, IV, 14-15.

(4) Plusieurs coutumes, à l'exemple des anciens coutumiers, les appellent aussi *héritages* par excellence.

propres de naissant, et de plus tous les acquêts fait avant le commencement de la communauté. Tous les acquêts en immeubles faits depuis et durant la communauté, jusqu'à sa dissolution, se nomment conquêts.

2° Saisine.

I. Le principe de la saisine, tel que j'ai essayé ailleurs de la rétablir d'après les chartes du douzième et les coutumiers des treizième, quatorzième et quinzième siècles (1), a laissé de nombreuses traces dans nos coutumes officielles.

L'action possessoire que ces dernières accordent, et que le Code de procédure a de nouveau consacrée, n'a pas d'autre fondement.

La complainte en cas de saisine et de nouvelleté, que quelques coutumes appellent aussi *applégement* (2), et celle de Normandie (50), bref de nouvelle dessaisine, ne peut être intentée que par le possesseur d'an et jour, pour trouble commis dans l'an, parce qu'autrement le nouveau détenteur aurait acquis la saisine, et que l'ancien l'aurait perdue.

Elle ne peut s'intenter que pour immeubles, pour droits incorporels immobiliers, et pour meubles formant une universalité de choses, une succession par exemple, ou garnissant un domaine immobilier. Pour meuble singulier, il ne compète point de complainte, point de remède possessoire: c'est ce que disposent expressément plusieurs coutumes (3), et notamment celle d'Auvergne (II, 9), dont le témoignage est d'autant plus significatif, que cette province est plus

(1) *Voyez* mon *Étude historique sur la saisine*, *Revue de législation et de jurisprudence*, t. II, p. 356-400.

(2) Bretagne, 103. Anjou, 234. 272. Maine, 251. 289. Touraine, 240. Loudunois, XXVII, 8. Poitou, 27-9293. La Rochelle, 25. 57. Angoumois, 117.

(3) Paris, 97. Montfort, 60. Clermont en Beauvaisis, 51. Calais, 231. Sens, 117. Clermont en Argonne, XXVII, 4. Orléans, 289. Montargis, XXI, 6. Bourbonnais, 91.

rapprochée des pays de droit écrit et même comprise en partie dans leurs limites. La seule coutume de Bretagne (1o3) paraît faire exception, puisque, d'après elle, « on peut for-
» mer plégemens sur toutes choses qui se peuvent posséder,
» tant meubles que immeubles, droits corporels que incor-
» porels (1). »

Plusieurs coutumes ne font point mention de la com-plainte (2); d'autres l'indiquent d'un mot, sans en déter-miner les effets ni les conditions. Elle était de droit commun en France: admise partout, identique partout, elle n'avait besoin ni d'explications ni de sanction nouvelle.

II. Le principe de la saisine est de même consacré, au pé-titoire, en ce qui concerne les meubles. Meubles n'ont point de suite par hypothèque ni en exécution, quand ils ont été mis sans fraude hors de la possession du débiteur: c'est ce qu'attestent explicitement (3) ou implicitement presque toutes nos coutumes. Mais elles consacrent en même temps certaines exceptions à la règle, qui ne sont qu'une autre application

(1) On pourrait penser qu'il en est de même de la coutume de Ponthieu (142), qui accorde la complainte pour chose réelle ou *mobilière*. Mais toute la contexture de cet article prouve qu'il faut lire *immobilière*, ainsi que Guénois l'a observé.

(2) Sont muettes, les coutumes d'Étampes, Dourdan, Amiens, Bou-lenois, Artois, Vitry, Troyes, Chaumont, Bar, Bassigny, Meaux, Char-tres, Dreux, Châteauneuf, Grand-Perche, Auxerre, Nivernais, Berry, du duché et du comté de Bourgogne. — Au reste, ces coutumes mention-nent elles-mêmes la saisine de l'héritier, qui consiste précisément dans le droit de se complaindre dans l'an de la succession échue. Après l'an, il faut venir par action.

(3) Paris, 170. Étampes, 69. Dourdan, 57. Montfort, 71. Mantes, 65. Senlis, 208. Clermont en Beauvaisis, 56. Valois, 158. Calais, 226. Rheims, 186. Châlons, 273. Troyes, 72. Chaumont, 65. Sens, 134. Bar, 60. Bassigny, 83. Clermont en Argonne, X, 4. Meaux, 123. Melun, 343. Montargis, XX, 15. Grand-Perche, 206. Blois, 268. Touraine, 220. An-jou, 421. Maine, 436. Auxerre, 129. Berry, IX, 9. Bourbonnais, 116. Auvergne, XXIV, 52. Haute-Marche, 400. La Rochelle, 60. Duché de Bourgogne, V, 4. Comté de Bourgogne, 104.

du principe. Le locateur peut suivre les meubles, fruits, engrais, etc , qui garnissaient sa maison ou se trouvaient sur son champ, lorsqu'ils ont été enlevés sans son consentement (1). Le droit de suite appartient aussi à celui qui a vendu sans terme, lorsqu'il n'est pas payé du prix (2). Toutefois, dans l'un et dans l'autre cas , le droit de suite cesse, dès que les choses enlevées ou vendues ont été revendues par autorité de justice, ou même autrement à un tiers, suivant quelques coutumes. Mais par la vente judiciaire , l'acheteur d'un meuble est assuré contre tous, si ce n'est chose furtive (3).

Cette autre règle, qu'en fait de meubles possession vaut titre, ne se trouve point écrite dans nos coutumes: quelques unes accordent même le droit de suite , l'aveu (4) ou revendication de propriété mobiliaire, et l'action *ad exhibendum* pour en faciliter l'exercice (5 . Mais la coutume de Reims (406) ne l'accorde qu'à celui qui est dessaisi , c'est-à dire qui a perdu la possession ou saisine de fait contre son gré, et non par tradition volontaire de la chose à quelque titre que ce puisse être; celles d'Étampes (167), de Melun (325) et d'Orléans (454) exigent que la chose ait été trouvée et vue à l'œil en la possession d'un tiers, et celle d'Orléans se sert même de l'ancien terme technique d'entier-. cement. Enfin les coutumes du Maine (161. 455) et d'An-

(1) Paris , 171. Dourdan, 57. Montfort , 71. Mantes, 65. 92. Amiens , 156. Laon , 274. Châlons, 271. Rheims , 186. 387. Orléans , 415. 416. Grand-Perche, 206. Blois , 268. Auxerre, 129 Nivernais , XXXII, 17. 19. Berry, IX, 38. 46. Bourbonnais, 118. 125. — Je ne cite que les coutumes qui parlent nettement du droit de suite contre les tiers , et non du droit qu'a le locateur de contraindre le locataire ou fermier à remettre les meubles qu'il a enlevés.

(2) Dourdan, 144. Montfort, 181. Mantes , 65. 192. Calais, 244. Reims, 398. Grand-Perche , 206.

(3) Blois, 268.

(4) Aveu de meuble : Anjou , 146. Maine , 161. 436. Saintonge, 114. La Rochelle , 20.

(5) Étampes , 167. Melun , 325. Blois , 269.

jou (146. 420), disposent que, quand celui qui est trouvé saisi et vêtu de la chose ne peut s'excuser par garant ou autrement, il demeure criminel : ce qui indique suffisamment qu'il s'agit de la revendication d'une chose volée; d'autant que le demandeur, s'il succombe, est lui-même puni d'amende arbitraire. C'est à ce cas que s'applique la prescription pour meubles après trois ans de possession publique (1).

Les choses mobiliaires trouvées ou perdues, que la coutume de Normandie appelle choses gaives, et les autres coutumes épaves (particulièrement les animaux domestiques égarés) peuvent être suivis et revendiqués, mais dans un très-bref délai seulement. Après l'expiration de ce délai, le seigneur dans la justice duquel elles ont été trouvées, les peut faire vendre, et faire son profit du prix, si le propriétaire ne se présente dans un nouveau délai très-court, de six semaines au plus. Il n'est d'an et jour que dans les seules coutumes de Normandie et de Boulenois (2).

Ce n'est donc qu'en cas de perte fortuite, involontaire, de la saisine, et non en cas de tradition de la chose, que le

---

(1) Anjou, 449. Senlis, 214. Amiens, 163. Maine, 434. Clermont en Argonne, XIV, 8. Melun, 169. Comté de Bourgogne, 51. — Cette prescription de 3 ans pour meubles n'a pas lieu en Berry (XII, 10). En Bretagne (284) il faut 5 ans; dans le Boulenois (120), 20 ans.

(2) Péronne, 47-48. Amiens, 190. Boulenois, 22. Chaumont, 93. Sens, 44. Bar, 32. Bassigny, 8. Clermont en Argonne, I, 27. Meaux, 204. Melun, 7-8. Orléans, 163 suiv. Montargis, V, 4. Touraine, 52-53. Loudunois, III, 4-2. Maine, 47. Anjou, 40. Auxerre, 44. Nivernais, I, 4-4. Berry, II, 7 suiv. Bourbonnais, 336. Auvergne, XXVI, 4 suiv. Haute-Marche, 321. Poitou, 302-303. Normandie, 604 suiv. Bretagne, 47. Duché de Bourgogne, I, 4-3. Comté de Bourgogne, 59. — Les abeilles peuvent être revendiquées quand elles sont suivies à l'œil. (Amiens, 190. Touraine, 54. Loudunois, III, 3. Maine, 13. Anjou, 42. Bourbonnais, 337. Auvergne, XXVI, 7. Haute-Marche, 325); le poisson des étangs ne peut l'être qu'en montant (Orléans, 471-472. Blois, 228-229), c'est-à-dire en tant qu'immeuble seulement, et non comme meuble.

droit de suite reste au propriétaire (1). La coutume d'Orléans (456) ne fait peut-être exception qu'en apparence, en permettant la distraction par le propriétaire d'un meuble saisi sur un tiers détenteur. La coutume de Calais (226) veut au contraire que, tant qu'ils se trouvent en la possession du débiteur, les meubles puissent être saisis, nonobstant toutes aliénations et transports que le débiteur en pourrait avoir faits. Cette même coutume (249) et celle de Paris (182) permettent la distraction du dépôt lorsqu'il est trouvé en nature entre les mains du dépositaire. Les coutumes de Berry (XVII, 8, 10) et de Nivernais (XXI, 16), permettent de suivre le cheptel vendu par le preneur ou exécuté sur lui. Les autres coutumes sont muettes.

III. Pour acquérir la saisine de droit d'un immeuble ou d'un droit réel immobilier, le principe, dans sa rigueur primitive, exigeait pour tous ceux que la coutume ne saisit pas de droit (comme elle fait l'héritier, dans certaines coutumes la douairière, etc.), la tradition ou la prise de possession, non de fait, mais judiciaire, savoir: la foi et hommage, ou la souffrance baillée par le seigneur, qui vaut foi, pour les fiefs; la dessaisine de l'ancien possesseur et l'ensaisinement de l'acquéreur par le seigneur censuel, pour les censives ou vilenages ; l'insinuation devant la justice ordinaire pour les aleux; ou, enfin, en cas de contestation, la main assise et mise de fait par justice confirmées par décret. La préférence était accordée à la priorité, de cette saisine de droit et non à la priorité de l'acte translatif de propriété, ou constitutif de rente ou d'hypothèque.

Cet ancien système, qui considérait comme obligation pure, personnelle tout droit sur chose immobilière non

---

(1) Il ne reste pas seulement au propriétaire, mais à tout détenteur dessaisi : « Et peut le créancier poursuivre ledit gage (dont il avait été nanti), s'il vient en main tierce, quand par quelque façon, outre son gré, il est sorti hors de ses mains. » *Coquille*, question 63.

réalisé ou nanti par l'une des formes prescrites ne s'est conservé que dans les coutumes dites *de saisine et de nantissement*, c'est-à-dire dans la Picardie, excepté Montdidier et Calais, dans l'Artois, à Chauny dans le Vermandois, excepté Châlons et dans tout l'ancien ressort de Senlis (1). Les seigneurs devant lesquels les dessaisine et saisine, vest et devest se devaient faire, étaient tenus d'en tenir registre à part à leurs greffes, s'ils en avaient, sinon, au greffe du plus prochain juge royal du lieu (2).

Toutefois, la femme mariée et les mineurs ont hypothèque tacite pour la conservation de leurs droits (3); la coutume d'Amiens admet même toutes les hypothèques tacites du droit écrit (4). D'autres dérogations sont introduites par la coutume de Senlis, sous laquelle appréhension de fait vaut saisine (5); par celles de Péronne (265) Chauny (34-35), Laon (129-130) et Reims (167-168), où jouissance de dix ans équipolle à saisine, etc. Certaines charges réelles sont aussi dispensées du nantissement.

L'influence du droit romain, de ce droit si peu soucieux des garanties de publicité consacrées par notre ancien droit coutumier, et que le code civil n'a qu'imparfaitement restituées, est ici évidente. Son triomphe fut bien plus complet dans le reste de la France, excepté en Bretagne, ou l'on suivait un système analogue à celui de la saisine et du nantissement, le système des *appropriances*.

(1) Cout. de Senlis, 216-275. Clermont en Beauvaisis, 36-37. Valois, 13, 19, 188, 189. Péronne, 258, 259, 264. Amiens, 137, 140 et suiv. Ponthieu, 4, 5, 113. Boulenois, 61, 115, 117. Artois, 43, 71, 75. Chauny, 9, 10, 30, 32, 33, 55. Laon, 116, 119, 126, 128. Reims, 166, 176, 230. — Cout. de Calais, 228. Châlons, 133.

(2) Péronne, 260. Laon, 124. Reims, 177.

(3) Péronne, 269. Laon, 124. Reims, 182.

(4) Amiens, 139. Étendu aux coutumes de Ponthieu et du Boulenois par arrêt de 1639.

(5) Senlis, 211-212. — Sous la coutume de Laon, 033, elle vaut saisine en franc-aleu. La cout. de Péronne dispense aussi de la saisine en franc-aleu, art. 267.

Sous la coutume de Bretagne, tout acquéreur d'immeubles, de servitudes, ou d'autres droits réels peut prendre possession actuelle en vertu du titre qu'il tient du possesseur actuellement saisi par an et jour, par lui ou ses prédécesseurs. Après cette prise de possession, trois bannies doivent être faites par trois dimanches consécutifs, après l'issue de la grand'messe des paroisses où les immeubles sont situés, en indiquant la cour prochaine ou supérieure par laquelle l'acquéreur entend s'approprier. Aux prochains plaids généraux de cette cour, les bannies sont rapportées et certifiées en jugement, huitaine franche au moins après la dernière bannie. Après la certification duement faite, aucune opposition n'est plus reçue, et l'acquéreur est approprié. Il y a seulement délai d'an et jour pour ceux qui étaient absens du duché au temps de la certification des bannies (1).

Ailleurs il ne s'est conservé quelques traces de l'ancien système de saisine et de nantissement que dans l'insinuation des donations entre vifs ou la prise de possession réelle des choses données, prescrites par quelques coutumes, et dans l'inféodation, l'ensaisinement ou l'insinuation requis par plusieurs autres pour faire courir l'an du retrait (2).

(1) Cout. de Bretagne, art. 269, 270, 273, 280. Ces dispositions ne sont pas en opposition avec l'article 177 de la même coutume.

(2) Pour la possession réelle en fait de donations, *voyez* plus bas. — Pour le délai du retrait, il y a grande diversité. Il court à partir de l'inféodation pour les fiefs et de l'ensaisinement pour les censives (Étampes, 170. Dourdan, 132. Montfort, 160. Mante, 72. Meaux, 88-89. Melun, 130), et pour les aleux, à partir de l'insinuation du contrat (Paris, 130-132) ou de la possession réelle (Châlons, 226. Troyes, 144. Vitry, 126. Chaumont, 112); — ou bien à partir de l'inféodation pour les fiefs et de la possession réelle pour toutes les rotures (Bassigny, 107. Clermont en Argonne, XVI, 2.) — Ailleurs, il court du jour de l'insinuation en justice (Calais, 143. Poitou, 319. Angoumois, 80. La Rochelle, 33. Saintonge, 50), ou de la publication du contrat (Normandie, 452), ou de la prise de possession réelle (Chartres, 67. Châteauneuf,

IV. Le droit coutumier paraît n'avoir admis originairement d'autres prescriptions que la prescription immémoriale, qui décidait au pétitoire entre plusieurs saisines de fait, et la prescription d'an et jour, qui rendait incommutable la saisine de droit, de même que la saisine de fait, continuée par an et jour, engendrait la complainte au possessoire. Mais, par la désuétude de l'insaisinement et du nantissement judiciaires, les immeubles retombèrent sur la loi des meubles ; la simple tradition volontaire, réelle d'abord, fictive ensuite, suffirent pour transmettre les droits de propriété ou de charges réelles sur immeubles ; ou bien l'on considéra la seule convention, le titre destitué de toute publicité, comme procurant la saisine de droit. Le droit de suite, l'action réelle, furent dès lors exclus par la dessaisine volontaire, quoique extra-judiciaire ou par l'effet seul du contrat. Ils ne pouvaient plus être admis que dans le cas de contestation entre des personnes élevant des prétentions contradictoires sur le même immeuble, sans dériver leur droit l'une de l'autre, de telle sorte que l'une d'elles paraissait désaisie par l'autre *outre son gré*. Dans ce cas, et à défaut de l'investiture solennelle et publique, on ne peut plus admettre le court délai d'an et jour pour décider par la prescription entre les parties adverses ; et s'en rapporter à la prescription immémoriale, sans le correctif qui l'accompagnait dans l'ancien droit, c'eût été rendre les contestations interminables. Il

77. Nivernais, XXXI, 2. Bourbonnais, 422. Auvergne, XXIII, 2. Comté de Bourgogne, 67), ou enfin de la possession et interposition de décret (Bar, 144) sans distinction entre les diverses natures des biens. — A Orléans (363-364), à dater de l'inféodation pour les fiefs, et du simple contrat pour les rotures. Les coutumes de Sens, 32. Montargis, XVI, 1-2. Dreux, 59. Grand-Perche, 177. Blois, 493. Du Maine, 361. D'Anjou, 346. Auxerre, 154-185. Berry, XIV, 1. Haute-Marché, 260, le font courir de la date de la vente ; celles de Touraine, 152-153. Loudunois, XV, 1, XXVII, 3. Du duché de Bourgogne, X, 1, ne s'en expliquent pas clairement. En Bretagne, le délai du retrait se confond avec celui des oppositions à l'appropriance, 270, 274, 302.

était donc naturel d'accueillir avec faveur la prescription romaine de dix et vingt ans avec titre, et de trente ans sans titre : c'est elle, en effet, qui a été adoptée par le plus grand nombre des coutumes (1), entre autres même par plusieurs de celles qui avaient conservé le système de saisine et de nantissement : la conciliation de cette contradiction apparente, se trouve dans la dispense de l'ensaisinement judiciaire pour le franc-aleu et certaines charges réelles, et dans la règle que possession de dix ans équipolle à saisine.

Un autre système, suivi dans une partie du centre et du sud-est de la France coutumière, ramène toutes les prescriptions à trente ans, avec ou sans titre, entre présens ou absens (2).

Toutefois, dans ces deux systèmes, l'action hypothécaire ne peut, par exception, être prescrite contre son titre par l'obligé et ses héritiers (3), ou même, sous quelques coutumes(4), par les tiers détenteurs (5), que par quarante ans.

(1) Paris, 113, 144, 118. Étampes, 63-65. Dourdan, 73-74. Montfort, 61-63. Mante, 108-109. Calais, 205, 206, 210. Châlons, 145. Vitry, 134-136. Bar, 189. Bassigny, 171. Clermont en Argonne, XIV, 1-2. Meaux, 80-82. Melun, 170-172. Dreux, 66. Grand-Perche, 209. Blois, 192. Auxerre, 188. Haute-Marche, 90-91. Saintonge, 111.—Senlis, 188-189. Clermont en Beauvaisis, 66, 67, 70. Valois, 119, 120, 123. Péronne, 210-211. Amiens, 160-161. Chauny (65-66.) Laon, 141-142. Rheims, 180-181. — La coutume de Poitou (372) admet la prescription de 10 et 20 ans, avec titre; mais il suffit d'alléguer son titre et de le jurer, sans autre exhibition, à moins qu'on ne se prévale du titre de son prédécesseur (373). — Les coutumes de Troyes, Chaumont, Sens, Chartres, Châteauneuf, La Rochelle et Angoumois sont muettes.

(2) Orléans, 260-261. Montargis, XVII, 1. Nivernais, XXXVI, 1. Berry, XII, 1. Bourbonnais, 23. Auvergne, XVII, 1-2. Duché de Bourgogne, XIV, 1. Comté de Bourgogne, 51.

(3) Mante, 109-111. Senlis, 191. Péronne, 213. Calais, 214. Chauny, 67. Laon, 143. Reims, 381-383. Châlons, 148. Vitry, 137. Clermont en Argonne, XIV, 4. Melun, 174. Orléans, 261. Montargis, XVII, 1.

(4) Grand-Perche, 211. Dans cette coutume (213) il faut aussi 40 ans

On ne prescrit aussi contre l'Eglise que par quarante ans (1).

Un troisième système fixe la prescription dans le Pon-thieu (115) et le Boulenais (120), à vingt ans, avec ou sans titre, entre présens ou absens, et dans l'Artois (72, 75), avec ou sans titre à vingt ans entre présens, et trente ans entre absens ; sauf toujours le privilége de l'Eglise (2).

En Normandie (60, 521), la prescription de quarante ans vaut titre en toute justice, pour quelque cause que ce soit ; mais, dans les quarante ans, chacun peut revendiquer un héritage qui lui appartient et qui a appartenu à ses pré-décesseurs, et dont la possession a été perdue depuis qua-rante ans.

Ce quatrième système a été suivi en Bretagne avec quel-ques modifications résultant du système des appropriances. Pour prescrire sans titre, il faut quarante ans; avec titre et possession réelle, quinze ans; avec titre, prise de pos-session et certification en jugement d'une seule bannie au lieu de trois, dix ans (3).

Enfin le premier système, modifié par le tennement de cinq ans, a été suivi par les coutumes de Touraine, Lou-dunois, du Maine et d'Anjou. En général, on prescrit par dix et vingt ans avec titre, et sans titre par trente ans, pour la propriété des immeubles, les cens et rentes foncières, ainsi que pour toutes les hypothèques, charges et rentes constituées à prix d'argent depuis plus de trente ans. Pour les charges créées depuis trente ans au moins, la prescription en est acquise par celui qui a possédé l'immeuble grevé, franchement et sans interruption l'espace de cinq ans, pourvu

pour prescrire la rente foncière. Les cens et rentes féodales et seigneu-riales sont imprescriptibles, quoique la quotité et le mode puissent se prescrire, ainsi que les arrérages échus.

(1) Excepté sous les coutumes de Berry (XII, 1) et d'Auvergne (XVII, -2), qui n'exigent que 30 ans.

(2) Dans le Boulenois, il faut alléguer titre, sans le vérifier.

(3) Cout. de Bretagne, art. 271, 272, 275, 282.

qu'il n'ait acquis l'immeuble à ces charges (1). Entre les acquéreurs de ces hypothèques en rentes constituées depuis trente ans seulement, le premier en date, quoiqu'il n'ait pas pris possession est préféré; mais il perd son rang, quand il laisse un créancier postérieur prendre possession ou faire poursuite et diligence, sans *l'interrupter* dans les cinq ans, et, dans ce cas, les seconds et subséquens créanciers priment le premier, qui peut toutefois recouvrer le droit de venir à contribution avec eux, si ceux-ci le laissent prendre possession ou faire diligence, sans l'interrupter à leur tour; que si le premier en date avait pris possession avant les derniers, ceux-ci, par le tennement de cinq ans sans interruption, n'acquièrent que le droit de venir à contribution avec lui. Toutefois, ce système d'interruption n'a lieu que dans le Maine (479-481) et l'Anjou (476, 9); dans la Touraine (210-215) et le Loudunois (XX, 6, XXII, 5) le premier est toujours préféré pourvu qu'il ait pris possession ou fait des poursuites, quand même les derniers créanciers l'y auraient prévenu; mais si les derniers sont seuls en possession, ils priment le premier, et quand aucun ne possède, ils viennent tous à contribution.

Dans le sixième et dernier système, le privilége de l'Eglise de ne perdre son droit que par la prescription de quarante ans, ne s'applique qu'aux biens qui sont de l'ancien domaine de l'Eglise, ou qui ont été acquis par elle depuis plus de quarante ans (2).

V. Le très-grand nombre des coutumes décide que les servitudes ne portent point saisine et possession, et qu'on

(1) Touraine, 208-209. Loudunois, XX, 1, 4, 7. Maine, **437**, **439**, 445, 446, 484, 499. Anjou, 422, 424, 430, 434, 437, 438, 478. — Par la coutume de Loudunois (XX, 9) l'action hypothécaire dure **40** ans contre l'obligé et ses héritiers.

(2) Loudunois, XX, 7-9. Maine, 446, 459, 461. Anjou, 431.

ne peut les acquérir par prescription, même centenaire, mais qu'il faut titre exprès ou fait équivalent à titre, comme la destination du père de famille.

Cette règle a pourtant des exceptions : A Mante (94) et à Reims (350), elle n'a lieu que dans les villes et faubourgs; hors des villes on suit les prescriptions du droit écrit. Dans l'Anjou (450), les servitudes de maisons sont imprescriptibles, les rurales se prescrivent par trente ans. Il en est de même à Clermont en Argonne (XIV, 5) pour toutes les servitudes, excepté les rues et égouts en édifices, qui ne peuvent se prescrire par quelque temps que soit. Les coutumes de Bar (171-177-179), Meaux (75), Berry (XI, 2 4) et Nivernais (X, 2) admettent la prescription de trente ans pour les servitudes, mais seulement à partir de la contradiction expresse qui serait faite à leur exercice par le possesseur du fonds servant. Toutes servitudes s'acquièrent, suivant les coutumes de Laon (145) et de Châlons (144), par trente ans; suivant celle de Chauny (69) et d'Amiens (165) par quarante ans; suivant celle du Grand-Perche (216) par la possession immémoriale (1).

Mais c'est une règle sans exception que le pied saisit le chef; que par conséquent le dessus et le dessous appartiennent à celui qui possède la surface du sol, s'il n'y a titre au contraire, aucune possession ni prescription ne pouvant à cet égard dispenser du titre.

D'un autre côté, les règles sur les prescriptions des servitudes ne s'appliquent qu'à celles qui procèdent du fait de l'homme, et cèdent à la présomption légale de celles que la coutume établit de plein droit, comme la mitoyenneté des murs et la distance à observer pour faire des constructions près du mur mitoyen ou non, qui sépare deux fonds voisins.

La franchise des servitudes s'acquiert ordinairement

(1) Les coutumes de Ponthieu, Artois, Vitry et Chaumont, sont muettes quant à la prescription acquisitive des servitudes.

par trente (1) et quelquefois par quarante (2) ou par vingt ans (3).

3° Engagemens.

Les coutumes contiennent quelques dispositions sur les obligations, les actions et les exécutions.

Les unes se rapportent à la procédure, et sont par conséquent en dehors du cadre que je me suis prescrit. Celles qui concernent le droit civil proprement dit sont trop incomplètes pour qu'il y ait lieu de s'y arrêter dans une esquisse qui se borne aux textes officiels et positifs que les coutumes peuvent nous fournir.

Le droit coutumier, en fait d'engagement, consistait principalement en une suite de dérogations tacites au droit romain, qui, pour ces matières et dans ces limites, devint de bonne heure prépondérant même dans la France coutumière. C'est à la jurisprudence, aux recueils d'arrêt et aux écrits des jurisconsultes, plutôt qu'aux coutumes écrites, qu'il faut s'adresser, pour apprendre comment la théorie romaine des obligations s'appliquait et se modifiait en France.

III. De la famille.

1° Mariage.

La femme est en la puissance de son mari: elle ne peut ester en jugement si elle n'est autorisée de lui ou de justice; elle ne peut disposer de ses biens entre vifs, ni s'obliger, sans le consentement de son mari, si elle n'est séparée ou marchande publique.

Le mari, comme bail de sa femme, relève les fiefs qui appartiennent à celle-ci, ou qui lui échéent durant le ma-

---

(1) Cout. de Paris, 186. Calais, 172. Orléans, 226.
(2) Cout. de Normandie, 608.
(3) Cout. de Ponthieu, 115.

riage (sauf les coutumes où l'aîné garantit ses sœurs du relief de leur premier mariage) ; il administre les biens de sa
femme, exerce ses actions mobilières et possessoires , mais
ne peut aliéner ni hypothéquer ses immeubles sans son consentement.

La puissance maritale est explicitement ou implicitement
reconnue par toutes les coutumes sans exception. Il n'en est
pas qui ne mentionnent au moins une de ses conséquences.

Les coutumes d'Artois (86), de Bar (108), de Clermont
en Argonne (VII, 7) et de Normandie (417) soumettent
même le testament de la femme à la condition du consentement du mari.

Dans les coutumes d'Artois (87) et d'Auvergne (XIV, 1)
la fiancée passe déjà , comme la femme mariée , sous la
puissance de son futur époux.

II. Le mariage émancipe, c'est-à-dire que , par le plus
grand nombre des coutumes , homme et femme conjoints
par mariage sont réputés âgés et à leurs droits , hors de
puissance, de garde et de tutelle; habiles à administrer leurs
biens , à ester en justice, contracter , s'obliger et tester,
sans pouvoir toutefois aliéner ni hypothéquer leurs immeubles.

L'émancipation par mariage n'a lieu que pour la femme
seulement sous les coutumes de Normandie (227, 230), Auvergne (XIV, 12), Haute-Marche (298), Montargis (VII, 5, 6),
du duché (IV, 1) et du comté de Bourgogne (24).

La coutume de Poitou répute aussi la fille tant noble que
roturière pour émancipée par le seul fait du mariage, tandis que pour le mâle noble il faut une émancipation expresse,
et pour le roturier , mariage et demeure séparée par an et
jour (1). Cette dernière disposition est aussi celle de la coutume d'Angoumois (120). Sous la coutume de Saintonge

(1) Cout. de Poitou , art. 225 , 276, 312, 314.

(art. 2, 75) il faut pour l'émancipation des mâles, tant nobles que non nobles, âge, mariage et demeure séparée ; tandis que le mariage à lui seul émancipe les filles.

La coutume de Bourbonnais (166), permet au père qui marie son fils de retenir par le contrat la puissance qu'autrement il perdrait par l'effet du mariage. La fille mariée est irrévocablement émancipée (252).

Le mariage n'émancipe point quant aux fiefs, et ne tient pas lieu de la majorité féodale (1).

III. Dans toute la France coutumière, excepté l'Auvergne, la Haute-Marche et la Normandie, homme et femme conjoints par mariage sont communs en tous biens meubles et conquêts immeubles, et fruits des immeubles propres, ainsi qu'en toutes dettes mobilières, tant actives que passives, chacune pour moitié (2).

Mais par une coutume tout aussi générale, le mari est chef et seigneur de la communauté, et il en peut disposer entre vifs à sa volonté, sans le concours ou le consentement de la femme, ensorte qu'il semble que celle-ci n'y ait rien durant le mariage, c'est ce qui a donné lieu aux rédacteurs de la coutume de Reims, de faire précéder une série d'articles qui consacrent les principaux effets de la communauté (3) par cette disposition étrange (art. 259): « homme

______

(1) Cout. de Melun, art. 34. — Sont muettes, les coutumes de Senlis, Péronne, Amiens, Ponthieu, Boulenois, Artois, Chauny, Vitry, Chaumont, Maine et Anjou. Toutes les autres coutumes admettent l'émancipation par mariage.

(2) Autrefois, sous la coutume de Chaumont, il y avait diversité, et la femme, en quelques lieux, ne prenait qu'un tiers, et le mari les deux tiers. Voy. le préambule de l'art. 67. Dans l'Artois (135), les acquêts de fiefs n'entrent pas en communauté et la femme n'y a aucun droit si elle n'en a été saisie actuellement.

(3) Art. 240, 242, 265, 269. Toutefois que les héritiers de la femme ne succèdent qu'à la moitié des conquêts, les meubles restant au mari seul. Voyez aussi la cout. du comté de Bourgogne (27-29), qui, entre

» et femme conjoints par mariage ne sont uns et communs
» en biens meubles et conquêts immeubles faits durant et
» constant le mariage : ainsi le mari seul , sans l'advis et
» consentement de sa femme , en peut disposer comme et à
» qui bon lui semblera. »

IV. Régulièrement, la communauté commence dés le
jour de la bénédiction nuptiale, et plusieurs coutumes en
ont la disposition expresse (1). Dans les coutumes du Grand
Perche (102, 103), de Loudunois (XX, 1), du Maine (508)
d'Anjou (511) et de Bretagne (424, 469), la communauté
n'a lieu , par exception , qu'entre époux qui ont demeuré
ensemble par an et jour, mais avec effet rétroactif au jour
du mariage. Il en est de même sous les coutumes de Chartres (57-59), Dreux (48-50) et Châteauneuf (66-68) pour
les mariages en premières noces ; mais si l'un des époux a
déja été marié précédemment , la nouvelle communauté a
lieu dès la première nuit de leur mariage.

V. La communauté est dissoute par la mort de l'un des
époux, et se partage par moitié entre le survivant et les héritiers du prédécédé. La veuve noble seulement, sous les
coutumes de Senlis (147) , Clermont en Beauvaisis (188) ,
Valois (97), Troyes (12), et Chaumont (7) , la veuve noble
ou non noble, sous la plupart des autres coutumes, peuvent
renoncer à leur part dans les meubles et conquêts de la
communauté, et partant rester quittes de leur part des
dettes. La coutume de Berry (VIII , 9) permet seulement

roturiers, semble ne comprendre dans la communauté que les conquêts
et non les meubles; quoique Dumoulin soutienne le contraire.

(1) Paris , 220. Étampes, 96. Dourdan, 77. Mantes , 119. Valois , 94.
Péronne, 112. Calais, 23. Laon , 17. Châlons, 49. Clermont en Argonne ,
V, 1. Melun , 211. Touraine , 230. Nivernais , XXIII , 2. Berry , VIII, 7.
Poitou , 229, Angoumois, 40. Saintonge , 62. — Il faut entendre de même
les coutumes muettes. (

de stipuler par contrat de mariage que la veuve pourra renoncer à la communauté (1).

VI. Dans plusieurs coutumes, la femme survivante, ou en général le survivant, prend hors part, ou emporte même, en cas de renonciation à la communauté, une partie de ses vêtemens ou autres objets mobiliers (2).

Entre nobles, le survivant gagne tous les meubles, s'il n'y a pas d'enfans (3), ou même quand il y a des enfans, suivant plusieurs coutumes (4). La coutume du comté de Bourgogne (25) ne donne ce droit qu'au mari noble survivant; celle de Bar (78) semble le donner au survivant sans distinction de nobles ou de non nobles (5); le survivant qui prend la totalité des meubles est tenu d'acquitter la totalité des

(1) Les coutumes de Sens, Montargis, Chartres, Dreux, Chateauneuf, Blois et du Maine sont muettes. Celle de Poitou (252) est douteuse.

(2) Amiens, 101. Ponthieu, 48. Chauny, 130-133. Laon, 22-27. Rheims, 242. Châlons, 20-30. Bar, 80. Basssigny, 54-149 Touraine, 293-307. Loudunois, XXVII, 33, XXIX, 40-41. Bretagne, 436.

(3) Paris, 238. Etampes, 98. Montfort. 133. Mantes, 131. Calais, 39. Châlons, 28. Vitry, 74. Troyes, 11-12. Chaumont, 6-7. Sens, 83. Bassigny, 45. Meaux, 49 et suiv. Montargis, I, 40. Touraine, 247, 268, 270, 349. Berry, VIII, 13.

(4) Senlis, 146. Clermont en Beauvaisis, 189. Péronne, 126. Chauny, 17, 18, 129, 130, Laon, 20-21. Reims, 279-281. Clermont en Argonne, V, 8. Chartres, 57-87. Dreux, 75. Châteauneuf, 66. Loudunois, XXVII, 14. — Par la coutume de Melun (218), le survivant quand, il y a enfans, rend les meubles, s'il se remarie. Voyez plus bas, les coutumes où le survivant fait les meubles siens à titre de gardien ou de bail.

(5) Les nobles prétendirent que l'ancienne coutume de Blois donnait au survivant tous les meubles et tous les conquêts, et ils appelèrent de l'article 182 de la coutume qui ordonne le partage par moitié des meubles et des conquêts entre nobles comme entre roturiers. — Ce privilège (229-240) du survivant noble n'a lieu dans l'Anjou (238) et le Poitou que par coutume locale; il n'a pas lieu à Orléans (Voyez Montargis, I, 40): la coutume d'Orléans est muette ainsi que celles de Dourdan, d'Amiens, de Ponthieu, de Valois, de Boulenois, d'Artois, de Grand-Perche, du Maine, d'Auxerre, de Nivernais, de Bourbonnais, d'Angoumois, de la Rochelle, de Saintonge, de Bretagne et du duché de Bourgogne.

dettes; aussi la femme peut-elle y renoncer, tandis que le mari, quelque renonciation qu'il fasse aux meubles, ne peut se soustraire au paiement des dettes qu'il a contractées comme seigneur de la communauté (1).

Les coutumes de Valois (62) et de Clermont en Argonne (V, 8) donnent au survivant noble l'usufruit de la moitié des conquêts échus aux héritiers du conjoint prédécédé (2).

VII. Faute d'inventaire ou de partage régulier, la communauté est continuée par moitié entre le survivant et ses enfans : ceux-ci peuvent néanmoins, si bon leur semble, s'en tenir à la part qui leur revenait dans le partage à l'époque de la dissolution du mariage. Si le survivant se remarie sans faire inventaire ni partage, la communauté se continue par tiers ou par quart, selon que l'un des nouveaux époux ou tous deux ont des enfans du premier lit, les enfans à naître ne faisant de part dans la communauté continuée, non plus que dans la communauté primitive.

Les coutumes d'Orléans (216), de Poitou (234 suiv.) et d'Angoumois (42) n'admettent la communauté continuée qu'entre roturiers. Dans celles de Bassigny (55) et de Meaux (61), elle n'a lieu que quand l'indivision a duré an et jour; et celle de Nivernais (XXII, 4 XXIII, 22) exige de plus que les enfans aient atteint l'âge de puberté (3).

(1) La veuve noble ne peut en Touraine (268-269) renoncer au gain des meubles qu'en renonçant en même temps aux conquêts, c'est-à-dire à la communauté; la coutume de Chauny (18-130) au contraire lui permet de renoncer au privilége des nobles quant à la totalité des meubles, et d'accepter néanmoins la communauté, c'est-à-dire la moitié des meubles et des conquêts.

(2) La coutume de Touraine (319) donne aussi au survivant, soit noble ou non noble, l'usufruit de la moitié des conquêts qui ne lui appartient pas en propre; mais, s'il y a enfans, il le perd en se remariant. La même chose a lieu en Poitou (243) par coutume locale.

(3) Sont muettes les coutumes de Valois, Amiens, Ponthieu, Boulc-

VIII. Entre personnes autres que conjointes par mariage, communauté n'a lieu régulièrement que par continuation de la communauté conjugale ou par convention expresse (1).

Plusieurs coutumes font une exception remarquable à cette règle. Suivant les coutumes de Troyes (101, 102), Chaumont (75), Bar (88), Bussigny (69, 70), Auxerre (201, 202) et Berry (8, 10), ceux qui, usant de leurs droits, vivent par an et jour à un commun pot, sel et dépense, en mélange de biens et communication de gains, profits et pertes, acquièrent tacite communauté entre eux de tous biens meubles et conquêts immeubles. Les enfans de famille, serviteurs, et autres personnes nourris par gratuité, affection, pitié ou service ne peuvent acquérir communauté tacite par quelque laps de temps qu'ils demeurent avec leurs parens ou autres personnes qui les nourrissent.

La communauté tacite se contracte de même par an et jour, mais entre roturiers majeurs et usant de leurs droits, seulement sous les coutumes de Poitou (251), Saintonge (58) et Angoumois (41), et entre frères, sœurs ou autres parens majeurs, sous les coutumes de Montargis (IX, 1), Chartres (61), Dreux (52), Châteauneuf (70), Nivernais (XXII, 2) et Bourbonnais (267).

Les coutumes de Meaux (65) et de Nivernais (XXIII, 21) mentionnent aussi la communauté que peuvent acquérir entre eux par quart les père ou mère survivans, leur conjoint en secondes noces, leur enfant du premier lit, et le conjoint de celui-ci, gendre ou bru des père ou mère.

Ces diverses communautés tacites se contractent par té-

nois, Artois, Chauny, Reims, Troyes, Chaumont, Chartres, Dreux, Larochelle, du duché et du comté de Bourgogne. Celle d'Anjou (512) est douteuse.

(1) Cout. de Mante, 133. Laon, 267. Reims, 385. Châlons, 62. Melun, 224. Orléans, 213. Grand-Perche, 107. Touraine, 231. Loudunois, XXIV, 2. Maine, 509. Anjou, 512. — Vingt-cinq coutumes sont muettes.

tcs, et se continuent entre les enfans ou autres héritiers de
l'un des associés décédé, et les autres associés survivans,
pour la part que chacun y a de son chef ou par son auteur (1).

IX. Entre les trois coutumes exclusives de la communauté, celle d'Auvergne (XIV, 3 et suivans) et de la Haute-
Marche (299 suiv.) adoptent le régime dotal, et, accordant
au mari survivant, comme *gaigne coutumière*, les lits, robes,
coffre, linge et joyaux de sa femme, à charge de payer les
funérailles. La femme survivante, au contraire, les reprend
en l'état où ils se trouvent (2).

La coutume de Normandie est prohibitive de la communauté conjugale. Non contente de déclarer que les époux
ne sont communs ni en meubles ni en conquêts, et que la
femme n'y a rien qu'après la mort du mari, (art. 389), elle
interdit (art. 530) de donner à la femme, par contrat de
mariage, une plus grande part aux conquêts faits par le
mari que celle qui lui appartient par la coutume, à laquelle
les contractans ne peuvent déroger.

Sous cette coutume (art. 329), la femme, après la mort
de son mari, a la moitié en propriété des conquêts faits en
bourgage. Quant aux conquêts faits hors bourgage, elle en
a la moitié en propriété au bailliage de Gisors, la moitié en
usufruit en Caux, et le tiers en usufruit dans le reste de la
province. Quant aux meubles, elle en a la moitié, s'il n'y a
point d'enfans ou s'il n'y a que des filles mariées ; s'il y a
des fils, ou des filles non encore mariées, elle n'a que le
tiers des meubles, en contribuant aux dettes pour sa part
(art. 392 , 393). La femme peut renoncer à la succession
de son mari, comme ailleurs elle peut renoncer à la communauté (394). La femme renonçante retire ses biens para-

(1) Cout. de Berry, VIII , 20. Bourbonnais, 270. Poitou , 232.
(2) Auvergne, XII , 46, XIV, 44-45. Haute-Marche , 227.

phernaux, c'est-à-dire, sous cette coutume, son lit, ses robes, coffre, linge et autres de pareille nature, pourvu qu'ils n'excèdent la moitié du tiers des meubles (395).

Durant le mariage, les meubles échus à la femme appartiennent au mari, à la charge, s'ils excèdent une certaine quotité, d'en employer la moitié en héritages ou rentes pour tenir le nom, côté et ligne de la femme (590). Le mari survivant, pourvu qu'il ait eu enfant né vif de sa femme, jouit par usufruit, tant qu'il se tient en viduité, de tout le revenu appartenant à sa femme lors de son décès; s'il se remarie, il ne jouit que du tiers (582, 531).

X. Dans la plus grande partie de la France coutumière, le douaire coutumier dont la femme est douée, consiste dans l'usufruit de moitié des immeubles que le mari possédait au jour du mariage et de ceux qui lui sont échus depuis en succession directe (1).

Dans l'Artois et dans la Picardie, excepté Péronne, le douaire coutumier est de la moitié des fiefs et du tiers des immeubles cottiers (c'est-à-dire roturiers) (2). Dans le comté de Bourgogne, il est entre nobles de la moitié des héritages anciens du mari, et entre roturiers, du tiers du dot et mariage de la femme (art. 25).

Il est du tiers, sans distinction de noble ou de non nobles, de fiefs ou de rotures, dans la Normandie (367) la Bretagne (455), le Maine (315), l'Anjou (299), le Poitou (256), le Grand Perche (111) et par coutume locale, dans le Perche-Gouet, Chartres (52, 54).

Dans la Touraine (326, 338), le Loudunois (XXXI, 1. XXXII, 2), l'Angoumois (82) et la Saintonge (75, 76), il est aussi du tiers des immeubles entre nobles. Entre rotu-

<hr>

(1) Quelquefois aussi en collatérale : je néglige ce détail.

(2) Cout. d'Artois, 173. Amiens, 112. Ponthieu, 32. Boulenois, 98. Calais, 49. — Cout. de Péronne, 140.

riers, il est, dans les deux premiers de ces pays, de la moitié des rotures et du tiers des biens nobles échus en tierce foi ; dans la Saintonge , et vraisemblablement aussi dans l'Angoumois, douaire n'a lieu entre roturiers s'il n'est expressément convenu.

Enfin , sous les coutumes d'Auvergne (XIV, 11) , de la Haute-Marche (288) et de Larochelle (45) (1) , le douaire n'a lieu de même , mais contre toutes personnes nobles ou non nobles , qu'autant qu'il est stipulé.

Le douaire coutumier peut être remplacé par un douaire préfix, mobilier ou immobilier, mais qui ne doit point excéder le douaire coutumier, sinon , être réduit et ramené à la quotité de celui-ci.

XI. Sous les coutumes de Clermont en Beauvaisis (158), Valois (102), Chartres (52), Dreux (43), Châteauneuf (55) et Normandie (367), la femme gagne au coucher son douaire. Sous celles de Ponthieu (32) et de Bretagne (450), le douaire lui est acquis dès qu'elle met le pied au lit pour coucher avec son mari.

Plus ordinairement , la femme acquiert le douaire du moment de la bénédiction nuptiale ou de l'accomplissement du mariage par paroles de présent (2).

XII. Le douaire immobilier est viager à la femme dans le plus grand nombre des coutumes. Mais il est propre aux enfans, qui peuvent renoncer à la succession paternelle pour se tenir au douaire de leur mère , dans les coutumes de Paris (249, 250), Mante (136, 142), Senlis (177, 182), Valois (108 , 112) , Calais (50 , 51) , Melun (239, 98) Nivernais (XXIV, 8) et Normandie (399). Quant aux fiefs, le

(1) Il n'y a point de coutumes muettes.

(2) Cout. de Péronne , 143. Boulenois , 97. Grand-Perche , 117. Berry, 249. Angoumois , 82. La plupart des coutumes sont muettes , mais doivent être entendues dans ce sens.

douaire se partage entre les enfans qni renoncent à la succession de leur père, avec droit d'aînesse, sous les coutumes de Valois, de Melun et de Normandie (402) ; sans droit d'aînesse, sous les coutumes de Paris, de Mante et de Calais : celles de Senlis et de Nivernais sont muettes sur ce point.

La coutume de Clermont en Beauvaisis (160) déclare le douaire viager quant aux fiefs et propre quant aux rotures. Sous les coutumes de Chartres (56), Dreux (47) et Châteauneuf (58, 59), au contraire, le douaire est propre entre nobles et viager entre non nobles. Les coutumes d'Étampes (130, 135) fait aussi le douaire viager à la femme entre roturiers; entre nobles, il est propre pour moitié s'il n'y a que filles, et en totalité, s'il y a des fils, avec prérogative d'aînesse.

Sous les coutume de Reims (243) et de Montargis (XIV, 3) le douaire est viager, mais peut être stipulé propre par contrat de mariage. Les coutumes de Dourdan, Touraine et Loudunois sont muettes, ainsi que celles d'Auvergne, de la Haute Marche et de la Rochelle, qui n'admettent que le douaire conventionnel.

2° Garde.

I. Les coutumes pourvoient de manières très-diverses à la garde ou bail, tutelle ou curatelle, des enfans mineurs.

La garde est, proprement, toute tutelle légitime établie dans l'intérêt de celui qui a besoin de protection ; le bail, une tutelle légitime, mais fructuaire ou profitable, qui donne droit aux meubles et aux fruits, ou seulement aux fruits soit des fiefs soit de tous les immeubles du mineur (1). Par exception, le nom générique de garde a été conservé,

(1) Analogue à l'autorité du mari qui est bail de sa femme. — Le baillistre paie toutes les dettes mobilières, acquitte les charges annuelles des immeubles, et les rend en bon état, et entretient les mineurs selon leur condition, suivant l'adage : *qui bail prend quitte le rend.*

dans quelques coutumes, à la tutelle fructuaire exercée par les ascendans; tandis que le nom de bail , réservé aux collatéraux , est resté à ceux-ci après que les profits qui y avaient été attachés , curent été abolis.

La garde noble appartient, suivant les coutumes de Paris (265, 266) et de Calais (126 , 127) au survivant des père et mère nobles, et à leur défaut ou refus, aux autres ascendans; la garde bourgeoise au survivant des père et mère seulement.

Ce premier système a été suivi par les coutumes d'Étampes (89), de Dourdan (124, 125), de Montfort (116) et de Reims (230) , avec cette différence , pourtant , qu'elles étendent la garde bourgeoise , comme la garde noble , aux aïeul, aïeule et autres ascendans.

Entre nobles seulement, les ascendans ont la garde noble sous les coutumes de Vitry (63), Chaumont (11), Sens (156), Bar (66) et Clermont en Argonne (XII, 8) ; la garde noble ou le bail, à leur choix, mais pour les fiefs seulement, sous les coutumes de Péronne (220) et de Chauny (135, 137). Celles de Chartres (41, 104), Dreux 50, 95) , Châteauneuf (43, 134), du Grand-Perche (166) et de Blois (4), au contraire , donnent la garde aux ascendans tant entre nobles que non nobles. Les ascendans ont à Auxerre (254) la garde entre nobles et la tutelle légitime entre roturiers; par la coutume de Nivernais (XXX , 2) ils ont, dans l'un et l'autre cas, la tutelle légitime (1).

Dans ce premier système, le gardien soit noble soit bourgeois fait les fruits des immeubles siens à Paris , Calais , Étampes et Montfort; il en est de même du gardien noble seulement, à Dourdan et à Clermont en Argonne, et du

____

(1) On voit que dans ce système le bail en ligne collatérale n'a point lieu. Cout. de Reims , 328. Chartres , 108. Dreux, 94. Châteauneuf , 139. Blois , 7

gardien tant entre nobles que roturiers dans le Grand Perche et à Blois.

Le gardien noble seulement fait les fruits des immeubles
siens et prend en outre les meubles à Rheims, Sens, Bar,
Chartres et Châteauneuf; à Péronne et à Chauny le baillistre, et non le gardien, fait son profit des meubles et des
fruits des immeubles féodaux.

Dans tous les autres cas, le gardien et le tuteur légitime
prennent les biens par inventaire, et rendent compte et reliquat. La coutume de Dreux est muette quant aux fruits.

Un second système appelle à prendre le bail ou la garde,
non seulement le survivant des père et mère, et les autres
ascendans, mais à leur défaut les plus prochains collatéraux. La coutume de Mante (178, 179) n'admet entre roturiers ni garde ni bail; entre nobles, elle donne la garde aux
ascendans et le bail aux collatéraux. Celle de Melun (285)
donne aux ascendans l'option entre la garde noble et le
bail, et aux collatéraux le bail, mais, *pour les fiefs* entre
nobles et pour les fiefs seulement. Le bail est donné aux ascendans entre toute sorte de personnes par les coutumes de
Boulenois (77) et d'Artois (155) (1); la coutume d'Amiens
(125) en fait autant, mais seulement pour les fiefs. Sous les
coutumes d'Orléans (23 suiv. 178 suiv) et de Montargis
(I, 25 suiv. VII, 2 suiv.) la garde des ascendans a lieu entre
nobles et roturiers, le bail des collatéraux entre nobles seulement : il en est de même sous la coutume de Berry (I, 22-41),
où les ascendans portent le titre de légitimes administra-
teurs.

A Mante, le gardien noble fait les fruits siens, non le
baillistre ; le baillistre au contraire fait siens les fruits de
tous les immeubles dans l'Artois et le Boulenois ; les fruits
des fiefs nobles, non des fiefs restreints ni des terres cottières,
à Amiens.

(1) Les pères et mères ont le choix de prendre la tutelle légitime au
lieu du bail.

A Melun, le gardien noble, et non le baillistre, gagne tous les meubles et les fruits des fiefs. Dans le Berry, le légitime administrateur fait les fruits siens, et, s'il est noble, il gagne aussi les meubles; le baillistre ne gagne que les fruits (1). A Orléans, à Montargis, le gardien noble fait les fruits siens; le gardien entre roturiers et le baillistre entre nobles ne prennent ni les meubles ni les fruits.

La garde ou le bail sont restreints dans un troisième système au seul survivant des père et mère. Ce système présente quelques variations de détail dans le nom et dans les choses. La coutume de Senlis (152) n'admet que la garde noble entre nobles; celles de Valois (67), Troyes (17) et Meaux (147) ne l'accordent aussi qu'entre nobles et pour les fiefs seulement; celle de Clermont en Beauvaisis (170) pour les fiefs tant des nobles que des roturiers; celle de Laon (261) donne le choix entre la garde et le bail, mais entre nobles seulement et pour les immeubles féodaux.

Sous les coutumes de Touraine (339, 346) Loudunois XXXIII, 1 XXXIV 1), du Maine (98) et d'Anjou (85), le bail a lieu entre nobles et la tutelle naturelle entre roturiers. La coutume de la Haute-Marche (70) donne aussi le bail entre nobles au survivant, avec cette particularité, que, si la mère survivante est mineure et qu'il y ait un frère consanguin majeur, celui-ci prend le bail, qui n'est accordé dans aucun cas ni aux ascendans des degrés supérieurs, ni aux autres collatéraux. En Bretagne (500) le père est garde naturel de ses enfans; en Auvergne XI, 2), le père, sous les coutumes de Bourbonnais (174) et de Bassigny (72) le survivant des père et mère est légitime administrateur. Dans le Poitou (305, 308), le père est loyal administrateur, et la mère tutrice, tant entre nobles que roturiers. Dans le duché

(1) Sous cette coutume, l'adage *qui bail prend quitte le rend* n'a pas lieu, et le légitime administrateur comme le baillistre ne paient les charges du bail que jusqu'à concurrence de ce qu'ils prennent des meubles ou des fruits.

de Bourgogne (VI, 4) , le père est légitime administrateur entre nobles et roturiers; entre nobles , le survivant des père et mère est de plus baillistre; entre roturiers, la mère n'est que tutrice.

Dans ce troisième système, le gardien noble sous la coutume de Senlis, le baillistre sous celles de Touraine, de Loudunois et du duché de Bourgogne , prennent les meubles et les fruits de tous les immeubles ; le gardien noble dans le Valois , le gardien entre nobles seulement à Clermont en Beauvaisis , et le baillistre, non le gardien noble , à Laon , gagnent les meubles et les fruits des immeubles féodaux.

Le gardien noble sous les coutumes de Troyes et de Meaux, le gardien entre roturiers sous celle de Clermont en Beauvaisis prennent les fruits des fiefs , sans les meubles. Le baillistre sous les coutumes de la Haute-Marche, du Maine et de l'Anjou, le tuteur naturel roturier sous celle de Touraine et de Loudunois; le légitime administrateur entre nobles et roturiers sous celles de Bourbonnais et d'Auvergne, et entre nobles seulement sous celle de Bassigny, gagnent les fruits de tous les immeubles féodaux ou autres, sans les meubles.

Un dernier système est celui de la Coutume de Normandie (1). Le père, l'aïeul et le frère aîné majeur sont tuteurs naturels sans profit. A leur défaut les mineurs, s'ils possèdent des fiefs, tombent sous la garde du seigneur dont chaque fief est mouvant. Pour plusieurs fiefs il peut donc y avoir différens seigneurs gardiens. Toutefois, si l'un de ces fiefs est tenu nuement du roi, la garde royale attrait à elle toutes les autres gardes , et le roi fait les fruits de tous les fiefs siens, ainsi que les fruits des rotures , qui sont exempts de la simple garde seigneuriale.

(1) Cout. de Normandie, art. 213 suiv. 237 *in fine*. Réglement du parlement de Rouen pour l'élection des tuteurs, art. 1 et 2. Coutum. génér. t. IV, p. 161.

A Châlons (10) il n'y a ni bail, ni garde noble, ni garde bourgeoise. Les coutumes de Ponthieu, Angoumois, La Rochelle, Saintonge, et du comté de Bourgogne sont muettes.

II. La garde ou le bail finissent par l'âge et par le mariage des mineurs, sous les coutumes où le mariage émancipe; ils finissent aussi, dans le plus grand nombre des coutumes par le convol en secondes noces soit de la mère seulement, soit même du père. Sous les coutumes d'Orléans et de Montargis, la mère et l'aïeule remariées perdent la garde entre roturiers ; entre nobles, la garde tourne en bail, c'est-à-dire que de tutelle fructuaire elle devient simple tutelle avec obligation de rendre compte et reliquat (1).

III. Le gardien ou baillistre qui fait les fruits siens n'est pas tuteur, quoiqu'il puisse l'être, s'il est d'ailleurs capable et solvable (2). Il y a donc lieu de pourvoir à la tutelle des mineurs non seulement dans les cas où la garde et le bail n'ont pas lieu, et à défaut de gardien ou de baillistre; mais aussi en concurrence avec eux, pour les biens, droits et actions qui ne dépendent pas soit de la puissance des fruits, soit des meubles , lorsque le gardien ou baillistre les gagne (3).

Toutes tutelles et curatelles sont datives: telle est la disposition expresse de la coutume de Reims (329); et le plus grand nombre des coutumes ne parlent que de tuteurs et curateurs créés par le juge et élus par les parens paternels et maternels, les amis et voisins du mineur (1). Les quel-

<hr>

(1) Cout. d'Orléans, 25, 27 , 32. Cout. de Montargis, I, 30 , 35 , 37.
☞(2) Cout. de Paris , 270-271.

(3) Là même où la garde ou le bail ont cessé d'être fructuaires , cette différence entre le tuteur et le gardien en laisse des traces. Voyez la cout. de Laon , art. 262.

(1) Paris , 270. Dourdan, 149. Mante , 182. Senlis, 152 in fine. Clermont en Beauvaisis , 193. Valois, 73. Péronne , 232. Amiens , 133. Calais , 141. Laon, 262. Châlons , 9. Vitry, 64. Troyes , 17-21. Chaumont, 11. Sens ,

ques coutumes qui admettent la tutelle testamentaire et une tutelle légitime autre que la garde ou bail, exigent ordinairement qu'elles soient confirmées par le juge (1).

Les coutumes parlent presque toutes de tuteurs et de curateurs sans s'expliquer sur la différence qu'il y a entre eux. Les coutumes de Montargis (VII, 7) et d'Auxerre (259) déclarent expressément qu'entre tutelle et curatelle il n'y a nulle différence. Les coutumes de Vitry (64, 65), Orléans (182) et Nivernais (XXX, 8 9) adoptent seules explicitement la distinction que le droit romain établit entre elles.

IV. La garde, bail ou administration légitime, fructuaire ou non fructuaire, d'une part, et les tutelles datives de l'autre, laissent peu de place à l'exercice de la puissance paternelle; et Loisel a fait une maxime coutumière de cette disposition qui ne se trouve que dans la seule coutume de Senlis (221) : Droit de puissance paternelle n'a point de lieu.

Quelques coutumes, il est vrai, font mention de la puissance paternelle; mais, d'abord, cette puissance finit par la mort soit du père, soit de la mère, et ne s'exerce, par conséquent, que durant le mariage sur les enfans communs (2).

Après la dissolution du mariage par la mort de l'un des conjoints, le survivant a la garde, ainsi qu'il a été expliqué plus haut. Du vivant même des père et mère, la puissance

159. Clermont en Argonne, XII, 4. Orléans. 182. Grand-Perche, 175. Blois, 7. Touraine, 339. Londunois, XXXIII, 4, XXXIV, 3. Maine, 101. Anjou, 4 , 88, 89. Poitou, 304-309.

(1) Reims, 329. Bassigny, 76. Auxerre, 255-258. Nivernais, XXX, 4. Auvergne, XI, 12. Haute Marche, 85. — *Secus.* Cont. de Bourbonnais, 177-180. Voyez aussi Bretagne, 501, 505, 507. Duché de Bourgogne, VI, 6. Melun, 290.

(2) Chartres, 103. Dreux, 93, Châteauneuf, 133.

paternelle peut finir sans qu'il soit besoin de l'émancipation expresse du père (1). Nous avons vu que, dans la plupart des coutumes, le mariage émancipe; il en est de même de la prêtrise, de la majorité, et de la demeure séparée : il n'y a diversité entre les coutumes que parce que les unes admettent tous ces divers modes d'extinction de la puissance du père, tandis que d'autres n'en admettent que l'un ou l'autre, ou exigent le concours de plusieurs des circonstances que nous venons de mentionner (2). En aucun cas l'enfant, après la mort de son père ou son émancipation, ne retombe sous la puissance de l'aïeul ou des autres ascendans (3).

Quant aux effets de la puissance paternelle, les coutumes en disent peu de chose. L'enfant en puissance de père est mis sur la même ligne que l'enfant en puissance de tuteur ou de curateur : il ne peut s'obliger ni ester en justice sans l'autorisation de celui qui a puissance sur lui (4). Le père, (mais souvent aussi la mère) a la jouissance des choses données à l'enfant qu'il a en puissance (5). La coutume de Berry restreint la faculté de tester du fils de famille (XVIII, 2). Les donations faites par le père à son fils, qu'il a en puissance, sont révocables sous les coutumes de Berry (VII, 5)

(1) Amiens, 136. Artois, 154 *in fine*.

(2) Chauny, 58. Laon, 56. Reims, 6, 7, 35. Châlons, 7-8. Bassigny, 42-79. Clermont en Argonne, VI, 7. Orléans, 184. Montargis, VII, 5, 6, 8. Blois, 4. Nivernais, XXII, 2, XXIII, 4. Berry, I, 3-10, XVIII, 2. Bourbonnais, 166. Auvergne, I, 7, XII, 47, XIV, 2, 4-2. Marche, 298. Poitou, 314-317. Angoumois, 98, 120, 124. La Rochelle, 24. Saintonge, 2, 73. Bretagne, 526-528. Duché de Bourgogne, IV, 4, VI, 3. Comté de Bourgogne, 24. Les coutumes d'Auvergne, de la Haute-Marche et de Poitou, ne disent pas, il est vrai, que la puissance paternelle expire à 25 ans, mais elles en font cesser tous les effets.

(3) Bourbonnais, 167-232.

(4) Troyes, 139. Clermont en Argonne, II, 8. Berry, I, 16. Bourbonnais, 169-471. Auvergne, I, 7. Haute-Marche, 11.

(5) Chauny, 58. Laon, 56. Reims, 8 35. Châlons, 8, Vitry, 100-110. Clermont en Argonne, VI, 7. — La coutume de Vitry parle de la *voulrie* (avouerie) des père et mère.

et de Poitou (222) ; mais elles valent sous celle d'Auvergne (XIV, 42). Les coutumes de Poitou (318) et de Bretagne (507) donnent au père ce qui est acquis par le fils en puissance.

La plupart des coutumes sont muettes sur le fait de la puissance paternelle.

IV. *Des successions.*

1º Garantie des droits éventuels de l'héritier.

Les droits de l'héritier du sang sont garantis par des prescriptions plus ou moins rigoureuses qui restreignent la faculté de disposer à titre gratuit ou onéreux, entre vifs ou à cause de mort.

I. Sous les coutumes de Ponthieu (19), de Boulenois (92, 124) et d'Artois (70) on ne peut vendre, charger, hypothéquer ni autrement aliéner ses immeubles propres, si ce n'est du consentement de son héritier apparent; ou par nécessité jurée par le vendeur et vérifiée par deux témoins dignes de foi; ou enfin, suivant la coutume d'Artois, par remploi, c'est-à-dire en employant les deniers de la vente en immeubles de mêmes nature et valeur, pour sortir nature de propre comme l'immeuble vendu. Les acquêts ne sont pas compris sous ces dispositions prohibitives (1).

Plusieurs autre coutumes reconnaissent au contraire à chacun la faculté de disposer librement à titre onéreux tant des propres que des acquits (2) ; et la plupart des coutumes, qui sont muettes sur ce point, ne peuvent être interprétées que dans un sens favorable à cette liberté absolue.

Cinq coutumes font exception. En Normandie (244), celui qui a marié un de ses enfans ou descendans comme son

(1) Artois, 133.

(2) Chauny, 51. Laon, 51. Châlons, 222. Vitry, 112. Orléans, 361. Montargis I , 39. Chartres , 88. Dreux , 76. Châteauneuf , 109. — Cette liberté de disposer entre vifs , a lieu aussi à l'égard de l'institué contractuel. Bourbonnais , 220. Auvergne XV , 5.

principal héritier, ne peut plus désormais aliéner ni charger son héritage, au préjudice de l'héritier qu'il a reconnu, ni de ses enfans, si ce n'est en cas de nécessité, de maladie ou de prison ; dans la Touraine (252, 253), le Loudunois (XXVI, 4), le Maine (262, 263) et l'Anjou (245, 246) il ne peut plus disposer au-delà d'un tiers que par extrême nécessité de vivre, ou pour rédemption de son corps.

II. Dans les cas et sous les contumes où l'aliénation des immeubles est permise sans le consentement de l'héritier, celui-ci ou tout autre lignager plus diligent a néanmoins la faculté de *retraire* les propres vendus, en remboursant le prix et les loyaux coûts à l'acquéreur. Car, dit la coutume de Chaunes (114), « retrait est introduit en faveur des » parens lignagers, et afin que les héritages venant de ligne » ne sortent hors de la ligne ».

Pour pouvoir exercer le retrait lignager, il suffit, dans la plupart des coutumes, d'être lignager du côté et ligne d'où l'héritage et venu ; les coutumes *souchères* exigent de plus que l'on soit descendu de celui qui a le premier acquis l'héritage et la mise en ligne (1). Quelques autres coutumes accordent la faculté de retraire tous les immeubles, sans distinction de propres et d'acquêts (2).

Le délai du retrait n'est dans le Berry (XIV, 1) que de soixante jours; dans l'Auvergne (XXIII, 2), de trois mois; dans le Bourbonnais (422), de trois mois pour les immeubles corporels, de six mois pour les droits immobiliers in-

(1) Dourdan, 131. 117. Mantes, 72. 167. Melun, 130. 264. Montargis XVI, 1. 2. — Les coutumes d'Orléans, 363 et de Nivernais, XXVI, 13. Cout. souchères en matière de retrait, sans l'être en matière de succession ; celle de Touraine l'est en succession et non en retrait.

(2) Touraine, 152. 156. Loudunois, XV, 1. Maine, 358, Anjou, 346. Poitou, 319. Angoumois, 55. La Rochelle, 29. 31. 32. Saintonge, 43. Normandie, 452. 469. 470. Bretagne, 298.

corporels: en Bretagne (270, 274, 302), le délai du retrait
expire avec la faculté de s'opposer à l'appropriance. Dans
toutes les autres coutumes , il est d'an et jour.

III. Les dispositions à titre gratuit peuvent avoir lieu par
donation simple entre vifs , par donation mutuelle entre
époux, par convention de succéder ou par testament.

Je ne parlerai ici ni des avantages permis ou prohibés
entre époux durant le mariage , ni des conventions de succéder, institutions contractuelles, donations de biens présens et avenir, donations par contrat de mariage et en faveur du mariage, renonciations, réservations et rappels de
filles (1), démissions de biens, partages faits par ascendans
de leur vivant entre leurs enfans, associations universelles ,
affiliations , adoptions et affairissemens. Je me borne aux
libéralités faites par donation simple entre vifs ou par testament.

IV. Les libéralités ne peuvent s'exercer que dans une certaine mesure; elles ne doivent pas excéder la quotité disponible, pour le réglement de laquelle nos coutumes ont suivi
plusieurs systèmes différens (2).

Un premier système, suivi dans l'ancien ressort de Paris,
excepté Montfort, dans tout celui de Senlis, à Amiens, Melun, .
Orléans, Auxerre , dans le Nivernais et le Grand Perche ,
permet de disposer entre vifs de tous ses biens tant meu-

(1) Les rappels de filles se font, il est vrai, par testament; mais ils pré-
supposent leur rénonciation, qui se fait par contrat de mariage , et qui
constitue un *pactum de non incudendo*.

(2) Il ne s'agit ici que des libéralités faites à des étrangers et non de ce
qu'on peut donner en avancement d'hoirie. Lorsque la part de l'héritier
ab intestat surpasse la quotité disponible , on peut toujours lui donner
en avancement d'hoirie tout ce qu'il pourra avoir un jour *ab intestat.*
Quant à la question de savoir si on peut lui donner plus que sa part héréditaire , voyez ci-dessous; je ne parle non plus de ce qu'on doit donner
aux bâtards.

bles et acquêts que propres, et par testament de ses meubles, de ses acquêts et du quint de ses propres (1).

Ce système s'étend encore, avec quelques variantes, dans le reste de la Picardie et de l'Orléanais, et dans quelques autres lieux.

A Montfort (87, 88, 145, 146) on ne peut disposer par testament, comme entre vifs, que du quint de ses propres. Il en est de même des coutumes de Ponthieu (19, 20, 25) et de Bou'enois (87, 88), qui ne permettent de quinter ses héritages qu'une fois. La coutume de Calais (66, 84) ne permet de donner entre vifs que la moitié de ses propres, et le quint par testament. Celle d'Artois (90, 91), qui semble interdire absolument la faculté de donner entre vifs au décès et sans le consentement de l'héritier, permet de disposer par testament du quint des fiefs et du revenu de de trois années de tous les immeubles. Cette faculté de disposer de trois années de revenu est aussi accordée par la coutume de Boulenois (89) tant entre vifs que par testament.

Sous la coutume de Sens (68, 109), qui est d'ailleurs en tout conforme aux règles générales de ce premier système, celui qui n'a que meubles ne peut disposer par testament que du quart; cette même restriction se trouve dans la coutume de Bar (98, 168), qui réduit de plus la faculté de disposer des propres par testament au sixième.

Les coutumes de Montargis (XI, 1 XIII, 2), de Dreux (76, 81, 82) et de Blois (166, 167, 175) fixent la quotité des propres disponibles par testament au quint en fiefs et au quart en censive. Celle de Dreux, ainsi que celles de Chartres (88, 91) et de Châteauneuf (109 113), qui

<hr>

(1) Paris, 272. 292. Etampes, 103. Dourdan, 91. 99. 100. Mantes, 143. 156. Senlis, 210. 217-219. Clermont en Beauvaisis. 122. 130. 131. Valois, 84. 86, 133. Amiens, 46, 57. Melun, 232, 246. Orléans, 275, 292. Auxerre, 248. 225. Nivernais, XXVII, 4. XXXIII, 1. Grand-Perche, 93. 129.

la fixent au quint tant des fiefs que des censives, permettent en outre, de disposer du revenu d'une année de tous les propres. Entre vifs, on peut, sous ces diverses coutumes , disposer de la totalité de ses biens, sauf que celle de Blois restreint cette faculté aux meubles, aux acquêts et à la moitié des propres.

Une dernière variante de ce premier système est eelle que présentent les coutumes de Péronne (107 , 165) et de Chauny (52, 61, 84 , 85): la quotité disponible par testament est pour les propres du quint en fief et du tiers en censive (1).

Ces coutumes font la transition à un second système, qui, à quelques exceptions près et avec quelques variantes , est en vigueur dans la Champagne et le Vermandois d'une part, et de l'autre dans la Bretagne, la Normandie , le Maine , l'Anjou , la Touraine , le Loudunois, le Poitou, l'Aunis , la Saintonge et l'Angoumois.

Les coutumes de Vitry (100, 108, 112), de Troyes (95 , 138) de Chaumont (82 et de Meaux (26) permettent de disposer entre vifs de la totalité des biens, et par testament des meubles, des acquêts et du tiers des propres. Il en est de même de la coutume de Clermont en Argonne (VI, 1 VII, 2, 3), sauf que, quand il y a enfans , on ne peut disposer entre vifs des propres, et par testament, du tiers , des propres, que pour cas pieux seulement. Par la coutume de Laon (51, 52, 60), on peut disposer entre vifs de tous ses biens, sauf la moitié des propres s'il y a enfans; et par testament, de ses meubles, de ses acquêts, du tiers de ses propres en fief et de la moitié en roture , soit qu'il y ait enfans ou non.

La quotité des propres est fixée à la moitié, par la cou-

---

(1) Les coutumes de Noyon, 17. Saint-Quentin, 22. Ribemont, 55, et Comi , 9', locales de Laon , sont conformes à celles de Péronne et de Chauny.

tume de Reims (252) et au tiers par la coutume de Châlons (63, 70), tant entre vifs, lorsqu'il y a enfans, que par testament, soit qu'il y ait ou qu'il n'y ait point d'enfans.

Par la coutume de Touraine (233, 238, 247, 325) les nobles et les roturiers ayant enfans ne peuvent donner à des étrangers que la moitié de leurs meubles en propriété et la moitié de leurs acquêts à vie. S'ils n'ont point d'enfans, ils peuvent disposer de tous leurs meubles en propriété, de tous leurs acquêts et du tiers de leur patrimoine à vie, ou, si c'est pour cause pitoyable, également en propriété. La coutume de Loudunois (XXV, 1, XXVI, 3) détermine aussi la quotité disponible de cette dernière manière, soit qu'il y ait enfans ou non. Celle d'Anjou (321, 327, 340) permet de donner le tiers du patrimoine et la totalité des meubles et des acquêts, lorsqu'il n'y a point d'enfans, ou s'il y en a, le tiers du patrimoine et le tiers des acquêts, à vie seulement, et le tiers des meubles à perpétuité. La coutume du Maine (332, 336, 352) permet de disposer du tiers des héritages (propres), et de tous les meubles et acquêts *liberis non exstantibus*; s'il y avait des enfans, on ne pourrait disposer que du tiers des acquêts et du tiers des meubles à vie ou à perpétuité. Enfin la quotité disponible est dans les coutumes de Poitou (203, 223), de la Rochelle (43, 44), de Saintonge (84-89) et d'Angoumois (49, 52), du tiers des propres et de la totalité des meubles et acquêts.

Dans toutes les coutumes qui précèdent, à partir de celle de Touraine, à défaut de biens propres ou patrimoniaux, les acquêts immeubles leur succèdent; à défaut d'acquêts, les meubles; tellement que celui qui n'a que meubles n'en peut disposer que du tiers, excepté dans les coutumes du Maine et d'Anjou, où il en peut disposer jusqu'à la moitié; s'il n'a que meubles et acquêts, sans patrimoine, il peut disposer de la totalité des meubles et du tiers des acquêts. Cette même particularité a lieu quant aux meubles pour la coutume de Bretagne (199, 200, 203), qui d'ailleurs permet de disposer du tiers en propriété ou de la moitié en usufruit de ses immeubles, soit propres ou acquêts; mais on ne peut proportionnellement charger de dons ou de legs les propres d'une ligne plus que ceux de l'autre. La coutume de Normandie (414, 418, 419, 422, 427, 431) interdit absolument de tester ses propres; mais on peut donner entre vifs le tiers de ses immeubles soit propres ou d'acquêt ; et par testament, ses meubles avec le tiers de ses acquêts , s'il n'y a pas d'enfans, ou la moitié des meubles, s'il n'y a que filles mariées, ou le tiers des meubles seulement, s'il y a des fils ou des filles non mariées.

D'autres coutumes calculent la quotité disponible sur la masse totale des biens , sans distinguer régulièrement entre les meubles, les propres et les acquêts. Ainsi , la coutume de Berry (VII , 9, XVIII, 5) ne permet , s'il y a enfans, de disposer que de la moitié de ses biens tant entre vifs que par testament; celles de Bourbonnais (291) et d'Auvergne (XII , 41) du quart par testament seulement ; celle de la Haute-Marche (212), du tiers aussi par testament. Sous la coutume d'Auvergne (XIV , 40) on peut donner entre vifs tous ses biens; sous celle de la Haute-Marche (306, 309), tous ses meubles et conquêts , mais non ses propres , à des étrangers.

Indépendamment de ces limites assignées à la quotité disponible , la plupart des coutumes réservent encore expressément aux enfans leurs droits à la légitime et la querelle d'inofficiosité, conformément au droit romain. Les coutumes de Paris (298), de Calais (85), de Chauny (49) et d'Orléans (274) fixent la légitime dans tous les cas à la moitié de la part et portion que chaque enfant eût eue dans la succession de leurs père , mère, ou autres ascendans , si ceux ci n'eussent disposé par donations entre vifs ou par dernière volonté.

Je ne donnerai pas pour un quatrième dernier système coutumier les dispositions consacrées par la coutume du duché de Bourgogne, et qui étaient certainement aussi en vigueur dans le comté de ce nom, quoique sa coutume, la seule muette sur ce point, n'en dise rien. Ce système est tout simplement celui du droit romain : point de quotité disponible à laquelle se limite la faculté de disposer du donateur ou du testateur, mais une légitime aux enfans, qui est du tiers, s'ils sont quatre au moins, et de la moitié, s'ils sont cinq ou plus : en collatérale, il n'y a point de légitime (1).

V. Toute donation entre vifs faite en haine ou en fraude des héritiers est nulle, encore qu'elle n'excède la qualité disponible (2). De là cet axiome coutumier consacré par la plupart des coutumes: donner et retenir ne vaut. Or, donner et retenir, c'est 1° se réserver la faculté de disposer des choses données, ou 2° donner à charge de dettes futures ou 3° conserver la possession des choses données jusqu'au jour de son décès. Mais le plus grand nombre des coutumes a si bien ressenti en ceci l'influence du droit romain qu'elles considèrent contrairement à leur but, à leur esprit, la possession comme suffisamment transmise au donataire, non seulement par sa saisine et la dessaisine du donateur, ou par l'appréhension de fait de la chose donnée, mais même par la rétention d'usufruit que le donateur stipule à son profit, ou par toute autre clause translative de possession, suivant le droit écrit, comme de constitut ou de précaire (3).

(1) Cout. du duché de Bourgogne VII, 2-4-7-9.

(2) Cout. de Bretagne 199.

(3) Paris, 273-275. Estampes, 145, 146. Dourdan, 93. Montfort, 152 153. Mante, 150. Châlons, 64. Troyes, 137. Sens, 108-115. Bar, 167. Bassigny, 165. Clermont en Argonne, VI, 5-20. Meaux, 16, 17. Melun, 230-231. Orléans, 283-284. Montargis, XI, 5-6. Dreux, 77-78. Châteauneuf 110. Blois, 169. Auxerre, 217. Nivernais, XXVII, 1-2. Berry, 7, 1-4. Bourbonnais, 212-214. Auvergne, XIV, 18-21. Normandie, 444-446. — Les coutumes de Calais, 67., du Grand Perche, 401., de la Haute-Manche, 309., et de Bretagne, 216, disent plus ou moins explicitement la même chose, sans néanmoins rappeler l'adage : Donner et retenir ne

Cette transmission fictive de la possession a même été admise comme suffisante par quelques coutumes de saisine et de nantissement (1) , tandis que d'autres exigent de la manière la plus expresse la dessaisine et saisine judiciaires (2).

Lorsque la possession n'a pas été suffisamment transférée an donataire par la dessaisine du donateur et du vivant de celui-ci, après sa mort la saisine des choses données va à l'héritier et non au donataire (3), car simple don ne saisit point (4), et le donataire n'a point d'action contre les héritiers du donateur, pour être mis en possession de son don (5). Par exception, les coutumes d'Amiens (54), et de Boulenois (95), celles de Touraine (240), Loudunois (XXV, 2), Anjou (335, 341), et Bourbonnais (213), donnent, il est vrai, la saisine aux héritiers, mais autorisent le donataire à procéder contre eux, soit par voie d'action pour être saisi de son don par leurs mains, soit même par voie de mise de fait, pour les contraindre à entretenir le don (6).

VI. Sont censées en fraude du droit des héritiers, les donations conçues entre vifs, faites par personnes gisant au lit malades de la maladie dont elles décèdent, ou par personnes malades qui décèdent dans les trente ou qua-

---

vaut. — Celles de Vitry (111), et de Chaumont (76) exigent, en cas de rétention d'usufruit, que le donataire se dessaisisse autant que faire se peut, que p. ex. le donateur soit reçu à foi et hommage, s'il s'agit d'un fief. Les coutumes de Chartres, la Rochelle, Saintonge, Angoumois, du Duché et du Comté de Bourgogne sont muettes.

(1) Péronne, 109. Reims, 229 230. — Les coutumes de Chauny, 57-91, et de Laon, 54., sont douteuses.

(2) Senlis, 211-212. Clermont en Beauvaisis, 127. Valois, 130.

(3 Poitou, 273. Angoumois, 116-117. — Mais sous ces deux coutumes, le donataire a-t-il action contre les héritiers ? Elles ne le disent point.

(4) Melun, 167.

(5) Châlons, 64. Clermont en Argonne, VI, 2.

(6) Les coutumes de Ponthieu, (21-22), d'Artois (71), et du Maine (347), sont douteuses.

rante jours de cette maladie ou d'autre (1). En conséquence, ces donations sont déclarées nulles par les
coutumes de Blois (170, 171), et de Bretagne (209), ou
plus ordinairement elles sont réputées à cause de mort ou
testamentaires, c'est-à-dire qu'il faut y observer les solennités des testamens, et qu'on ne peut y excéder la quotité
disponible en testament (2). La coutume de Berry (XVIII,
18), exige pour les donations faites en maladie mortelle,
l'observation des formes des testaments, mais les considère
néanmoins comme vraies donations entre vifs.

VII. Les droits de l'héritier du sang ne peuvent être
supprimés par la dernière volonté du défunt; la succession
testamentaire ne peut prendre la place que la coutume
réserve à la succession *ab intestat.*

Institution d'héritier n'a point de lieu : telle est la disposition expresse du plus grand nombre des coutumes (3).
Si l'institution d'héritiers n'est pas requise, comme en droit
romain, pour la validité du testament, d'un autre côté,
elle ne vaut que comme legs et jusqu'à concurrence de la
quotité disponible. L'héritier du sang est saisi; l'institué ne
l'est point; car il n'est que légataire, et legs testamentaire

(1) La coutume d'Anjou, 341., exige pour les donations entre vifs que
le donateur soit en pleine santé.

(2) Paris, 277. Calais. 69. Sens, 109. Bar, 169. Clermont en Argonne,
VI, 4. Orléans, 297. Montargis, XIII, 8. Grand-Perche, 130. Auxerre,
218. Nivernais, XXVII, 5. Auvergne, XIV, 36. Normandie, 447. —Si
la plupart des coutumes exigent que les donations mutuelles entre époux
soient faites en santé, c'est qu'elles défendent aux époux de s'avantager
par testament.

(3) Paris, 299. Estampes, 108. Dourdan, 98. Montfort, 92. Mante,
151. Senlis, 165. Valois, 169. Péronne, 161. Calais, 82. Reims, 285.
Châlons, 69. Vitry, 104. Troyes, 96. Chaumont, 83. Sens, 70. Bar, 102.
Meaux, 28. Orléans, XIII, 1. Chartres, 95. Dreux, 85. Chateauneuf, 117.
grand Perche, 121. Blois, 137. Touraine, 258. Loudunois XVII, 1.
Maine, 237. Anjou, 271. Auxerre, 227. Nivernais, XXXIII, 10. Auvergne, XII, 40. 47. 48. Haute-Marche, 250. Poitou, 272. Angoumois, 114-
116. La Rochelle, 41.

ne saisit. Il faut qu'il reçoive la chose léguée des mains de l'héritier, qui lui en fait délivrance, ou par l'exécuteur testamentaire, lorsqu'il s'agit de meubles dont celui-ci a la saisine, dans l'an et jour de l'ouverture de la succession, ou enfin par justice, l'héritier appelé. Ces conséquences du principe sont admises même par les coutumes qui ne formulent pas d'une manière explicite la règle qu'institution d'héritier n'a point de lieu (1), excepté seulement les coutumes de Berry, du duché et du comté de Bourgogne.

La coutume de Berry dispose (XVIII, 1, 4, 5, 7) que chacun peut faire par son testament institution d'héritier, laquelle néanmoins n'est pas requise pour la validité du testament, et ne vaut que pour la quotité disponible; que l'héritier testamentaire n'est saisi que par la rigueur de la coutume générale du royaume de France, mais le sera par exception, pour éviter circuit. La coutume du duché de Bourgogne (VII, 4) permet de même d'instituer héritier par testament pour les deux tiers disponibles, et donne la saisine à l'institué pour ces deux tiers. Celle du comté de Bourgogne (43), donne la saisine à l'héritier testamentaire aussi bien qu'à l'héritier du sang. (2)

2° Partage de la succession.

Entre les héritiers du sang, la succession ouverte est déférée, en général, au plus proche en degré, et se

______

(1) Clermont-en-Beauvaisis, 47-136, 141. Amiens, 62-65. Ponthieu, 26. Boulenois, 74-95. Artois, 90-92. Chauny, 62. Laon, 63, Bassigny, 157. Clermont en Argonne, VII, 11. Melun, 252. Bourbonnais, 290. 293. Saintonge, 90. Normandie, 235. 430. Bretagne, 538. 614.

(2) L'exhérédation des enfans pour les causes de droit a été admise par plusieurs coutumes. Bassigny, 148. Clermont en Auvergne, VII, 6; VIII, 23. Dreux, 91. Touraine, 286. 303. Loudunois, XXV, 12, XXVII, 28. Maine, 237. 269. Anjou, 251. 271. Berry, XVIII, 5. Bourbonnais, 312. Haute-Marche, 247. Bretagne, 495. Duché de Bourgogne, VII, 2. Mas l'enfant déshérité est néanmoins saisi jusqu'à vérification des causes d'exhérédation, Berry, XVIII, 5.

partage, entre tous les appelés en pareil degré, par parts et portions égales.

Pour déterminer la proximité du degré, la computation romaine a prévalu, en général, sur l'ancienne computation coutumière, qui procédait par troncs et lignages, ne comptait par génération que dans chaque lignage seulement, et se confondait par conséquent avec la computation canonique, admise pour déterminer les degrés auxquels le mariage est prohibé entre parens par le droit canon.

Ces règles sur la vocation du plus proche à l'exclusion des plus lointains, et le partage égal entre les appelés du pareil degré reçoivent de nombreuses dérogations par suite de la représentation, du double lien, des droits d'aînesse et de masculinité, de la distinction des meubles et des immeubles, des propres et des acquêts, des traces enfin, qui se sont conservées de l'ancienne computation coutumière.

I. Sous les coutumes de Ponthieu (8), de Boulenois (75. 83) et d'Artois (93), la représentation n'a lieu en aucune manière, ni en ligne directe, ni en ligne collatérale ; sous celles de Senlis (136, 139, 140), Clermont en Beauvaisis (155), Meaux (41), Montargis (XV, 4-8), et Blois (138, 139, 154) (1), elle n'a lieu qu'en ligne directe.

La plupart des coutumes admettent la représentation en ligne directe à l'infini ; en ligne collatérale, jusqu'aux enfans des frères et sœurs, et pour ceux-ci dans le cas seulement où ils concourent avec leurs oncles ou tantes, frères ou sœurs du défunt. S'il n'y a point de frères ni de sœurs, les neveux en pareil degré viennent de leur chef et succèdent par têtes et non par souches (2) ; l'oncle et le neveu

(1) Elle a lieu en collatérale sous la coutume de Montargis, du consentement de tous les intéressés, et sous celle de Blois par rappel de celui de la succession duquel il s'agit.

(2) Paris, 319-320. Etampes, 119, 121. Dourdan, 113, 115. Montfort,

succèdent également comme étant en pareil degré , **et sans** qu'il y ait lieu à représentation (1).

Ce même système est suivi par quelques autres coutumes , mais avec des modifications partielles. Ainsi la représentation n'a lieu , en faveur des enfans , des frères et sœurs , que pour les immeubles et non pour les meubles , sous la coutume de Nivernais (XXXIV, 10-13) ; pour les propres non pour les acquets , sous celle de Clermont en Argonne (VIII , 4 , 5). La coutume de Sens (88-96), qui admet enfin la représentation pour les descendans en ligne directe et pour les enfans des frères et sœurs , repousse le partage par souches , toutes les fois que les appelés sont en pareil degré , même dans la ligne directe.

La coutume de Reims (50 , 55 , 500 , 509) fait la transition à un quatrième système : sous son empire , la représentation a lieu en ligne directe à l'infini ; en ligne collatérale , jusqu'aux enfans des frères et sœurs pour les fiefs , et à l'infini pour les rotures. En Normandie (238 , 240 , 241, 304, 305, 509), il y a représentation à l'infini pour les propres ; pour les meubles et acquêts entre oncles et neveux , au premier degré seulement. Les coutumes du Grand-Perche (151), de Touraine (287), Maine (241, 286), Anjou (225), Auvergne (XII , 9), Poitou (277), Saintonge (104), Bretagne (592), et sans doute aussi celle de Loudunois (XXVII, 50) admettent la représentation à l'infini, tant en ligne directe que collatérale , aussi loin que le lignage peut se montrer. Il en est de même sous la coutume

104-105. 110. Mantes, 164-165. Valois, 87. Péronne, 191. 195. 197. Amiens, 69-70. Calais, 110-112. Chauny, 38. 39. Laon, 74-76. Châlons 81-83. Vitry, 66. Troyes , 92. Chaumont , 79. Bar, 119. 128. Bassigny, 139. 145. Melun , 257. 261-263. Orléans, 305. 318. 319. Chartres , 93. Dreux, 83. Châteauneuf, 115. Auxerre , 247. Berry, XIX , 43. Bourbonnais , 306. Haute-Manche, 219. Angoumois, 83. La Rochelle , 53. **Comté de Bourgogne , 47.**

(1) Paris , 321. Calais, 128. Orléans, 329.

du duché de Bourgogne (VII, 18, 19), mais pour les propres seulement (1).

II. La préférence du double lien, en vertu duquel les frères et sœurs germains excluent les consanguins et les utérins, a lieu dans les coutumes de Péronne (189, 190), Artois (105), Troyes (93), Chaumont (80), Bar (129, 130), Clermont en Bassigny (VIII, 10, 21), Orléans (330), Châteauneuf (126), du Grand-Perche (153), de Blois (155), Touraine (289) Nivernais (XXXIV, 16), Poitou (295). La Rochelle (51) et Saintonge (98), quant aux meubles et acquêts.

Il a lieu, même quant aux propres, dans les coutumes de Berry (XIX, 6, 7), du duché (VII, 20) et du comté de Bourgogne (46). Celles de Montargis (XV, 12), Dreux (90), Bourbonnais (317), et vraisemblablement aussi celle de Chartres (93) admettent le double lien, sans s'expliquer sur la question de savoir, si c'est pour les meubles et acquêts seulement, ou pour les propres. Sous la coutume de Reims (311) les germains concourent avec les consanguins et les utérins, mais ils prennent dans les deux lignes (2).

Sauf les coutumes muettes, aucune autre n'a adopté le privilége du double lien (3).

III. Les droits de primogéniture et de masculinité ont lieu ; 1° dans la France, l'Orléanais, la Champagne (4),

---

(1) Il y aurait aussi à parler de la représentation au droit d'aînesse, et de la représentation de legs au droit de masculinité. Mais ce détail serait trop long pour trouver place ici.

(2) Sous cette coutume, les meubles et acquets se divisent par moitié entre les deux lignes.

(3) Sont muettes les cout. de Senlis, Clermont en Beauvaisis, Bassigny, Loudunois, du Maine, d'Anjou et de Bretagne.

(4) Les coutumes de Troyes, Chaumont et Vitry, ne parlent toutefois de l'aînesse qu'entre nobles, parce que les roturiers ne pouvaient pas élever des fiefs sans privilège spécial. Chaumont, 10.

le Vermandois, la plus grande partie de la Picardie et l'Artois, pour les fiefs tant entre nobles que roturiers ; 2° pour tous les fiefs entre nobles, et pour les fiefs anciens entre roturiers, dans le Poitou et la Saintonge; 3° pour tous les fiefs entre nobles seulement , dans l'Aunis , l'Angoumois , la Haute-Marche , l'Auvergne, le Bourbonnais , le Berry et le Nivernais.

Ils ont lieu 4°, entre toute sorte de personnes pour toute sorte de biens, dans le Ponthieu, le Boulenois, et jusqu'à un certain point en Normandie ; 5° pour toute sorte de biens entre nobles et pour fiefs entre roturiers , dans le Grand Perche ; 6° pour toute sorte de biens entre nobles et pour fiefs anciens entre roturiers dans la Touraine, le Loudunois, le Maine et l'Anjou ; 7° pour les fiefs et les meubles entre nobles , pour les fiefs seulement entre roturiers, en Bretagne (1).

Mais il faut voir en quoi ces droits consistent, et faire l'énumération des divers systèmes que les coutumes ont suivis à cet égard (2).

Premier système. Le fils aîné , soit noble ou roturier , prend par préciput le principal manoir, avec le pourpris et le vol du chapon (3), plus les deux tiers des fiefs, s'il n'y a qu'un frère puîné ou une sœur, et la moitié, s'il y en a deux ou plusieurs. Les puînés et les sœurs partagent le reste également entre eux. Entre filles, il n'y a point d'aînesse, non plus qu'en ligne collatérale. En collatérale, les mâles , venant de leur chef , excluent les femelles en pareil degré , concourent avec elles, lorsqu'ils ne viennent que par repré-

(1) Les deux coutumes de Bourgogne sont seules muettes.

(2) Je ne parle pas des fiefs de dignité et de baronies qui ne se départent point entre frères et sur lesquels l'aîné ne doit que provision à ses frères puînés et mariage avenant à ses sœurs.

(3) Il est ordinairement d'un arpent ; mais il y a quelque diversité entre les coutumes.

sentation , en degré inégal. Ce système est suivi dans la France propre et dans l'Orléanais (1) ; il a aussi lieu , par importation, sous la cout. de Calais (13-18, 113, 114, 120).

Second système. A Mantes , dans le Vexin français et le Beauvaisis, l'aîné prend toujours les deux tiers des fiefs , quel que soit le nombre des puînés et des filles. D'ailleurs ce système est semblable au précédent , excepté qu'à Clermont en Beauvaisis, la fille aînée prend hors part le principal manoir, sans autre avantage.

Troisième système. Dans la Champagne et le Vermandois , une fille ne prend que demi-part du puîné : d'ailleurs, ce système offre trois variantes bien distinctes.

A Laon (147-153, 162-163) et à Reims (41-47, 51-56), le fils aîné prend le principal manoir avec l'enclos, plus la moitié ou les deux tiers des fiefs, selon qu'il concourt avec un ou plusieurs puînés, ou deux ou plusieurs filles , ou bien avec une fille seulement.

A Châlons (150-159, 175-176) et à Vitry (55-59), l'aîné prend un manoir à son choix pour tout avantage; et s'il y a plusieurs manoirs, chaque puîné en prend un à son rang d'âge; s'il y a moins de manoirs que de fils, les plus jeunes n'en ont point ; s'il y en a plus , ceux qui restent se partagent également comme les autres fiefs , sauf qu'une fille n'a jamais

---

(1) Paris, 13-19. 323. 331. Etampes, 9-11. 121. 122. Dourdan , 4-6. 8. 12. 13. Montfort. 9-14. 21. 25. 109. Senlis , 126-137 (pour la partie du territoire de cette coutume qui est au sud et à l'est de l'Oise). Valois, 57-60. Melun, 89-92. 96-99. Orléans, 89-90. 305. 320-321. Montargis, I, 22-25. 42. 43. XV, 19. Chartres, 5-6. 96. 97. Dreux, 3. 4. 87. Chateauneuf, 5. 6. 119. Blois, 143-145. 145. 152. 153.—A Chateauneuf l'exclusion des filles , en collatérale, est perpétuelle tant qu'il y a des mâles et pas seulement en pareil degré ; de plus, quand l'aîné meurt sans descendans légitimes, le plus âgé des puînés survivant ou son représentant, prend l'aînesse; dans ce cas, il y a donc droit d'aînesse en collatérale.

(2) Mantes, 1-3. 9. 19. 20. Senlis, 126-137 (pour la châtellenie de Pontoise et le pays de delà l'Oise) Clermont-en-Beauvaisis , 84-86.

de préciput, et ne prend qu'une demi-part dans ce qui se partage.

L'aîné prend à Troyes (14, 15) et à Chaumont (8, 9) un château ou maison forte avec l'enclos et le vol du chapon, et de plus, un membre de chaque espèce de terres et de droits qui dépendent du château; à Bar (112-120), un château fort, avec les murailles et fossés, et un journel de terre joignant le château; à Meaux (160-165), le maître-hôtel ou châtel, avec l'accint, ou à défaut d'accint, le vol du chapon estimé à un arpent; dans les coutumes de Bassigny (28, 35, 36) et de Clermont en Argonne (IV, 2-4-8, 12-17), enfin, un château seulement avec ses murailles et ses fossés. Tout le reste des fiefs se partage également, sauf qu'une fille n'a que demi-part.

Dans ce troisième système, comme dans les deux premiers, il n'y a point d'aînesse entre filles ni en collatérale; et, en collatérale, les mâles excluent les filles en pareil degré.

Quatrième système. Le fils aîné prend le principal manoir avec le vol du chapon, à Sens (201-204) et à Auxerre (53, 54, 58, 59), tant entre nobles que roturiers; dans le Berry (XIX, 31), le Bourbonnais (301-309), la Haute-Marche (95, 213-215, 221) et l'Auvergne (XII, 25, 31, 51-52) entre nobles seulement. Pour le reste des fiefs, partage égal entre l'aîné, les puînés et les filles, entre filles et en collatérale, point d'aînesse. La coutume de Sens préfère les mâles aux filles en pareil degré, en ligne collatérale; les filles mariées sont forcloses tant qu'il y a des mâles, sous la coutume de Bourbonnais, d'Auvergne et de la Haute-Marche; celles d'Auxerre et de Berry sont muettes à cet égard.

La coutume de Nivernais (XXXV, 1-6, 14) donne à l'aîné le principal manoir, le meilleur fief et le meilleur serf pour tout avantage; l'aînesse n'a lieu qu'entre nobles vivant noblement, en ligne directe quand la chevance du défunt vaut cent livres de rente, et non autrement. Elle n'a lieu ni en succession de femme ni entre filles. Les mâles et descendans de mâles forclosent les filles en ligne collatérale.

Cinquième système. Dans le Poitou, le droit d'aînesse a lieu, tant en ligne directe que collatérale, pour tous les fiefs entre nobles, et entre roturiers, pour les fiefs tombés en quarte foi seulement, c'est-à-dire lorsqu'il y a eu trois mutations depuis le premier roturier acquéreur du fief. Le principal héritier mâle, ou qui le représente, prend pour son droit d'aînesse le principal châtel ou hôtel, avec les préclotures anciennes jusqu'à concurrence de trois sextrées de terres, et quant au surplus, les deux tiers de toutes les terres et revenus nobles; les puînés et les filles se partagent l'autre tiers également. Entre filles, lorsqu'il n'y a ni mâle ni représentant de mâle, l'aînée prend le château avec les clôtures anciennes, pour tout avantage (Art. 280, 289-296).

Sixieme système. Le droit d'aînesse a lieu sous les coutumes d'Angoumois (85-91) et de La Rochelle (54, 55) pour les fiefs et entre nobles seulement, sous celle de Saintonge (91-96, 102-103) entre nobles seulement pour tous les fiefs, entre roturiers pour les fiefs tombés en tierce foi. En ligne directe, l'aîné mâle ou qui le représente, ou s'il n'y a que filles, l'ainée des filles, prend le principal manoir avec les préclôtures anciennes, et le quint des choses nobles par préciput : quant au surplus, il partage également avec les co-héritiers. En vraie succession collatérale, il n'y a aucun droit d'aînesse; mais si la succession n'a pas encore été partagée et quintée, et qu'un des co-héritiers meure dans l'indivision, la succession est réputée directe, tellement que, si c'est l'ainé qui est mort, le premier puîné prend le préciput en son lieu et place : si c'est un puîné , le droit d'aînesse se prend sur la part de ce puîné comme sur le reste de la succession.

Septième système. Les coutumes d'Amiens (71, 72, 81, 84, 85) et d'Artois (94-97, 99, 100, 103, 104) donnent à l'aîné mâle, et à son défaut, à l'aînée femelle, le principal manoir avec pourpris et accinct hors part, plus tous les fiefs propres ou d'acquêt, en ligne directe, à charge du quint hérédital des puînés (1); en ligne collatérale, sans charge de quint. Sous la coutume d'Amiens, il y a accroissement entre puînés pour les parts de ceux qui s'abstiennent ou qui meurent sans descendans, et le quint ne revient à l'aîné que quand il ne reste aucun puîné. Sous celle d'Artois, les parts non appréhendées ou éteintes retournent directement à l'aîné. En succession de fief, le mâle en pareil degré exclut la femelle.

Le système de la coutume d'Amiens est suivi par celle de Péronne (169, 175-183), mais entre nobles seulement; et par celle de Chauny (73-75, 78), aussi entre nobles, mais avec cette différence que les fiefs se quintent même en succession collatérale. Entre roturiers, l'aîné ou l'aînée, ont, dans l'une et l'autre coutume, le principal manoir avec le pourpris, et la moitié ou les deux tiers des fiefs selon qu'il n'y a qu'un puîné ou une fille, ou qu'il y en a plusieurs.

Les coutumes locales de Vermandois, savoir, Noyon, Saint-Quentin, Ribemont et Coucy, sont, à quelques différences près, semblables à celles de Péronne et de Chauny.

Huitième système. Dans le Ponthieu (1-3, 13-15, 59, 60), à l'aîné mâle, et, à son défaut, à l'aînée des filles, appartiennent, en ligne directe, tous les meubles et tous les im-

(1) Toutefois, sous la coutume d'Artois, les fiefs ne se quintent qu'en succession de père et de mère, et non en celle de grand-père, grand'mère, ou d'autres.

meubles féodaux ou cottiers, propres ou d'acquêt, sauf aux puînés un quint viager qui retourne à l'aîné à leur mort, sans accroissement entre les puînés. Entre collatéraux pareils en degré, l'aîné est seul héritier des meubles et acquêts, ainsi que des propres venus de son côté et ligne. Le quint de vivre naturel ne saisit point (1).

Dans le Boulenois, il n'y a aussi qu'un héritier en ligne collatérale. En ligne directe, les fiefs soit propres ou d'acquet sont à l'aîné ou à l'aînée, à charge d'un quint héréditaire aux puînés, en successions de père et de mère seulement. Les propres cottiers sont aussi à l'aîné, sans charge de quint, entre roturiers; et entre nobles, l'aîné ne doit aux puînés que l'estimation du quint des propres cottiers. Les meubles et les acquêts cottiers se partagent sans droit d'aînesse. (Art. 62-70, 76, 81-85).

Neuvième système. Dans le Grand-Perche (137-146, 150, 154, 157), l'aîné mâle, entre nobles, prend par préciput le principal manoir avec le circuit, et le bois de haute futaie qui est en vue du manoir, jusqu'à concurrence de quarante arpens, plus la moitié ou les deux tiers de tous les immeubles féodaux ou autres, selon qu'il y a un ou plusieurs fils puînés ou filles, et tous les meubles. Entre filles, il n'y a point d'aînesse, non plus qu'en collatérale, où l'aîné ou ses représentans succèdent également avec les puînés survivans, ou leurs représentans aux meubles et acquêts : mais il y a accroissement entre les puînés mâles, pour le tiers qui leur a été baillé par l'aîné, et à l'exclusion de celui-ci. Les filles, en collatérale, sont exclues par les mâles en pareil degré pour les fiefs propres seulement, et non pour les fiefs d'acquêt, tant entre nobles que roturiers. Entre roturiers, l'aîné n'a en avantage que la principale

---

(1) Il faut distinguer le quint naturel du quint datif, dont il a été question à la qualité disponible.

maison manable tenue en fief, et un demi-arpent de terre découverte (art. 158).

Dixième système. En Caux, lorsque les père, mère ou autres ascendans sont décédés sans dispositions ou testament (1), l'aîné a le manoir et pourpris, plus les deux tiers de toute la succession propre, le tiers restant se partage également entre les puînés et leur appartient en propriété. Les filles sont mariées sur les meubles, et s'ils ne sont suffisans, sur toute la succession pour la part échue tant à l'aîné qu'aux puînés. Si un puîné décède sans enfans, l'aîné prend les deux tiers des biens provenus de la succession paternelle, mais partage également aux meubles et acquêts, sauf son préciput pour les fiefs nobles indivisibles, selon la coutume générale de Normandie. L'aîné a de plus toute l'ancienne succession de ses autres parens collatéraux, sans en faire part ou portion à ses frères puînés. S'il n'y a en tout qu'un seul fief noble dans la succession, l'aîné l'emporte et les puînés n'y ont qu'un tiers à vie, selon la coutume générale.

Onzième système. En Normandie (237 , 248 et suiv., 272, 309, 318, 321, 335, 347, 356), le fils aîné, noble ou roturier, est seul saisi de la succession, et fait les fruits siens jusqu'à la demande en partage. Il peut prendre par préciput tel fief ou terre noble que bon lui semble, et s'il y a plusieurs fiefs, chaque puîné à son rang peut choisir de même un préciput, mais l'aîné ou les aînés qui ont pris préciput, laissent, aux puînés qui n'en ont point eu, tout le reste de la succession à partager entre eux. S'il n'y a qu'un seul fief dans la succession, sans autres biens, l'aîné

(1) Cout. de Normandie, art. 295 et suiv. art. 318. Voyez plus bas les dispositions qu'il est permis aux ascendans de faire à leurs puînés. Si les puînés avantagés renoncent à la disposition, ils ne peuvent demander à l'aîné que provision à vie, et non partage de succession. (Cout. de Norm., art 290 et suiv.)

le prend, à charge de provision du tiers à vie aux puînés. S'il n'y a qu'un seul hébergement ou manoir roturier aux champs, l'aîné ne peut l'avoir qu'en récompensant ses puînés. En collatérale, si l'aîné meurt avant les partages faits, le second fils prendra un préciput du chef de l'aîné et un de son chef; si un puîné meurt avant partage, l'aîné comme son héritier prend aussi deux préciputs. Après partage, la succession en propres du puîné est échue aux autres puînés qui avaient partagé avec lui, à l'exclusion des aînés qui avaient pris préciput (1); mais les meubles et acquêts se partagent également entre frères, sauf le préciput de l'aîné, s'il y a un ou plusieurs fiefs nobles. Entre collatéraux plus éloignés, il n'y a point de préciput, et s'il y a fief noble impartable, l'aîné, ou à son refus un autre frère, le prendra en récompensant les cohéritiers. Tant qu'il y a mâles ou descendans de mâles, les femelles et descendans de femelles sont exclus de la succession aux propres, et ne peuvent demander que mariage avenant, évalué à un tiers au plus pour toutes, quelque soit leur nombre, à moins qu'elles n'aient été réservées à partage, ou que leur frère soit refusant de les marier. Pour les meubles et les acquêts, les frères excluent les sœurs, et les descendans des frères les descendans des sœurs en pareil degré; seulement, les fiefs qui sont impartables et individus à l'égard des mâles, peuvent se partager entre filles héritières, jusqu'à un huitième de fief de haubert, si les partages ne peuvent être faits autrement.

Douzième système, en Bretagne (541, 543, 548, 563, 564, 588, 589), entre nobles anciens vivant noblement,

(1) Le frère aîné peut toutefois prendre le fief venu de la succession paternelle et maternelle, lorsque ce fief n'a pas été choisi par préciput mais partagé avec les autres biens de la succession art. 342. Mais dans ce cas il ne peut plus prendre un second préciput sur les acquêts nobles. art. 319.

le fils aîné a seul la saisine de la succession, et prélève dans le partage le principal manoir et le pourpris. Il a de plus les deux tiers des terres nobles, tant de patrimoine que d'acquêt et les deux tiers des meubles; le tiers restant se partage également entre les puînés et les filles. En ligne collatérale, soit qu'il s'agisse de la succession de l'aîné ou de celle d'un puîné ou d'une fille ou de leurs descendans morts sans hoirs de leurs corps, l'aîné des survivans ou qui le représene, recueille seul tout ce qui procède du tronc commun, soit fiefs ou autres choses, et qui aurait été baillé par l'aîné en partage à ses puînés, sans que les puînés survivans puissent y rien prétendre; quant aux acquêts et aux autres biens nobles qui ne sont pas du tronc commun, ils se partagent noblement par les deux parts et le tiers. Les terres roturières se partagent également entre l'aîné et les puînés, tant en ligne directe qu'en collatérale.

Entre roturiers, le fils aîné (ou son représentant), prend par préciput un sou par livre des terres nobles, en succession directe seulement; il peut avoir de plus la princicipale maison et logis suffisant, en récompensant les autres.

Treizième et dernier système. Dans la Touraine (260, 263, 267, 273, 274, 279, 285, 297, 299), et le Loudunois (XXIII 3, 7, 13, 14, 22, 24. XXIX, 2, 5), le fils prend le principal manoir avec le pourpris et le chezé ou vol du chapon (1) en avantage, et de plus tous les meubles s'il les veut, et les deux tiers de tous les héritages nobles ou roturiers, propres ou d'acquêt; les puînés et les filles n'ont qu'un tiers (2). S'il n'y a que filles, l'aînée prend l'aînesse comme entre mâles; dans le Loudunois, dans la Touraine, elle n'a que l'avantage et peut prendre les meubles, mais partage pour le surplus également avec ses

____

(1) Évalué à 2 arpens. Touraine. 260.

(2) Dont ils sont saisis dans la Touraine, tandis que dans le Loudunois, l'aîné seul a la saisine.

sœurs. Si l'aîné meurt sans hoirs de sa chair, le plus âgé des puînés prend l'aînesse comme en ligne directe. En ligne collatérale, l'aîné, ou à défaut de mâles, l'aînée, prend seul toute la succession, excepté en deux cas : lorsque les puînés tiennent leurs parts indivises, et lorsque la succession naît ou procède du frère aîné ou autre parent chef de ligne, dont ils sont descendus, ou de leurs représentans. Dans le premier cas il y a, entre les puînés, accroissement pour leurs parts héréditaires, et succession aux meubles et acquêts à l'exclusion de l'aîné (1). Dans le second cas, la succession n'advient pas à l'aîné seul, mais tous les membres en sont abreuvés ; l'aîné ou ses représentans n'en prennent que les deux parts avec l'avantage. Entre roturiers, le droit d'aînesse n'a lieu que pour les fiefs tombés en tierce foi, et non pour les meubles, les rotures, ni les fiefs de nouvel acquêt.

Une variante de ce système a lieu dans le Maine (110, 238, 239, 244, 247, 250, 252, 273, 277, 280, 283), et l'Anjou (97, 222, 227, 230, 233, 235, 255, 259, 265). A l'aîné ou aînée noble et à leurs représentans, appartient, en ligne directe ou collatérale, le principal manoir avec l'enclos en avantage, plus les deux tiers des immeubles féodaux ou censuels, et tous les meubles. Le tiers restant se partage également entre les puînés et les filles ; mais les puînés, quoique saisis de leur part, ne sont point héritiers en ligne directe, et n'ont leur part qu'en bienfait et en usufruit. A leur mort, leur part, si elle est indivise, accroît aux autres puînés ; sinon elle retourne à l'aîné et se consolide avec la propriété. Les enfans des puînés ne leur succèdent que pour les meubles et les acquêts. Les puînés en ligne collatérale et les filles en ligne tant droite que collatérale, ont leur part du tiers en propriété. Entre roturiers,

(1) Non des ascendans, s'il y en a , quant aux meubles et acquêts.
(2) Cout. du Maine, art. 110. — Cout. d'Anjou, art. 97.

il n'y a lieu au droit d'aînesse que pour les fiefs tombés en tierce foi, et l'aîné prend en ceux-ci les deux parts sans autre avantage ; les puînés succèdent en propriété, même en ligne directe.

IV. Pour la succession aux propres, deux règles se trouvent consacrées concurremment par la plupart des coutumes :

1° Les propres ne remontent point en ligne directe ; c'est-à-dire qu'à défaut d'enfans et autres descendans, les collatéraux succèdent, à l'exclusion des ascendans, aux immeubles qui étaient échus au défunt par succession. Cette règle ne s'applique qu'aux propres naturels et non aux conventionnels, et n'exclut pas le droit de réversion des immeubles donnés en avancement d'hoirie par les père, mère, ou autres ascendans à leurs enfans morts sans descendans. (1)

2° Les propres retournent au plus prochain lignage du côté et ligne dont ils sont venus, ce que l'on a exprimé aussi par l'adage : *paterna paternis, materna maternis* (2).

Les propres remontent, par exception, sous la coutume d'Amiens (68, 88), et retournent aux descendans paternels ou maternels, selon qu'ils sont venus de l'un ou de l'autre côté (3).

(1) Les immeubles même d'acquêt ne remontent point sous les coutumes de Loudunois (XXIX, 13) et d'Angoumois, (87) pour celles du Maine (288), d'Anjou (270), et de Poitou (284); les ascendans n'ont que l'usufruit des immeubles auxquels ils succèdent; et sous celles de Nivernais (XXXIV. 9) l'usufruit des propres. Les propres remontent d'ordinaire, pour exclure le fisc, à défaut de collatéraux habiles à succéder. Montfort, (104). Mante, (170). Péronne, 199. Laon, 81. Châlons, 96. Clermont-en-Argonne VIII, 11. Melun, 269. Orléans, 326. Touraine, 310. Poitou, 284. Angoumois, 87.

(2) Il y a dévolution d'une ligne à l'autre, pour exclure le fisc. Paris, 330. Calais, 118. Laon, 82. Châlons, 97. Reims, 316. Clermont-en-Argonne VIII, 12. Orléans, 326. Berry, XIX, 1. — *Secus* Maine, 286. Anjou, 268. Normandie, 245. Bretagne, 595.

(3) *Voy.* aussi cout. de Boulenois, 97. 83, et coutume de Sens, 86.

Sous la coutume de Normandie (241 , 242), aucun as-
cendant ne succède tant qu'il y a des descendans *de lui*
vivans : ainsi les père et mère sont forclos par les frères,
sœurs, neveux et nièces du défunt, mais succèdent avant les
oncles et tantes, qui excluent, à leur tour, les aïeuls et
aïeules, et ainsi de suite.

Sous la coutume de Nivernais , les propres ne remontent
pas en succession collatérale (XXXIV, 8) (1).

Dans les coutumes souchères, il ne suffit pas, pour succéder aux propres, d'être lignager du côté dont les immeubles sont venus par succession, mais il faut être descendu en
ligne directe de la souche commune, c'est-à-dire de celui
qui a le premier acquis l'immeuble et qui l'a mis en ligne (2).

Les coutumes d'Auvergne (XII, 6, 7, 19) et de la Haute-
Marche (232 , 233) réputent les acquêts biens paternels.
Sous celle de Poitou (217), à défaut de propres dans une li-
gne, la moitié des acquêts en tient lieu.

V. A défaut d'enfans, les meubles et acquêts vont aux
père , mère et autres ascendans, et à leur défaut , au plus
proche parent collatéral , sans distinction de côté et
ligne (3).

La coutume de Normandie (310, 325-328) donne la préférence aux parens paternels sur les maternels. Les coutumes du Maine (254 , 288) et d'Anjou (237 , 270) ne font
exclure les collatéraux que par les père et mère, non par les
autres ascendans, et ces mêmes coutumes, ainsi que celle
de Loudunois (XXIX, 13), ne leur assignent que les meu-

<hr>

(1) *Voy.* aussi cout. de Sens , art. 84 *in fine.*

(2) Dourdan, 116-118. Mante , 166. 167. Melun , 20. Montargis, XV,
3. 7. 10. Touraine , 287. 288. 310. La coutume d'Auxerre , 240. 241 , est
douteuse.

(3) Les meubles et acquêts se partagent souvent par moitié entre les
deux lignes, Péronne, 199. Bassigny, 143. Touraine , 312. Maine , 286.
Anjou , 268. Loudunois, XXIX, 14. 15. 23. Bourbonnais, 315. La coutume
de Bretagne (593) ordonne de plus la refente par ramages.

bles. Sous la coutume de Berry (XIX, 3), les ascendans ont les meubles en pur gain et les acquêts en usufruit seulement ; sous celle de Saintonge (97), ils prennent seuls les meubles et partagent les acquêts avec les frères et sœurs ; sous celle d'Orléans (313), les père et mère ont la propriété des meubles et acquêts ; les aïeuls et aïeules l'usufruit seulement en concours avec les frères et sœurs, et la propriété, en concours avec des collatéraux plus éloignés. La coutume de Bourbonnais (314) fait enfin concourir les ascendans avec les frères et sœurs. La coutume de Bretagne (594), à défaut d'enfans et de père ou mère, appelle successivement les frères et sœurs, puis les aïeuls et aïeules, puis les oncles, et ainsi de suite (1).

VI. L'égalité qui fait la règle dans le partage des successions, ou pour parler d'une manière plus générale et plus rigoureuse, le partage égal ou inégal tel qu'il est réglé par la coutume, ne peuvent être altérés par le fait de l'homme, par la volonté de celui de la succession duquel il s'agit. Tel est le principe consacré avec plus ou moins de rigueur par le plus grand nombre des coutumes.

Dans la coutume de France, d'Orléanais, de Champagne et d'autres lieux, on ne peut être héritier et légataire ensemble en ligne directe ou collatérale; c'est-à-dire, que l'héritier ne peut recevoir par testament aucun legs, à moins de renoncer à la succession et de se faire étranger, auquel cas les règles ordinaires sur la quotité disponible deviennent applicables. Par cette même coutume, les ascendans ne peuvent avantager aucun de leurs enfans ou descendans par donations entre vifs: ces donations, en ligne directe, sont toujours censées faites en avancement d'hoirie et sujettes à

(1) La coutume de Montargis XV, 10, appelle à la succession des meubles et acquêts le plus prochain , sans distinguer entre 'ascendans et collatéraux. Les coutumes de Chartres et Dreux sont seules muettes.

rapport ; mais le rapport n'est point dû en ligne collatérale (1).

Plusieurs autres coutumes admettent de même qu'on ne peut être à la fois héritier et légataire soit en ligne directe soit en collatérale, mais varient sur la question de savoir si l'on peut être héritier et donataire ensemble. Les coutumes de Valois (81-83) et de Blois (158; 167), assujettissent toutes les donations , même en ligne collatérale, au rapport , quand le donataire veut prendre part à la succession du donateur. Celles de Châlons (71 , 100, 101 , 107) du Grand-Perche (93, 123-126) obligent au rapport, en ligne directe, même le donataire qui voudrait renoncer à la succession pour s'en tenir à son don. Celle de Chauny (13, 21, 22, 50, 60) exige le rapport de l'immeuble donné entre vifs, même par celui qui renonce à la succession, mais permet d'avantager en meubles par disposition entre vifs un héritier au delà des autres. Sous la coutume de Poitou (215-218, 272), on ne peut être à la fois héritier et donataire en propres , mais bien en meubles et acquêts. Sous celle de Bourbonnais (217 , 308, 313, 321), les donations entre vifs ne se rapportent point en ligne collatérale, ni en ligne directe lorsqu'elles sont faites par préciput et hors part en contrat de mariage.

La coutume de Clermont en Argonne (VII, 4, 5, VIII, 3, IX, 1, 3, 8) porte qu'on ne peut être héritier et légataire en ligne directe, mais en ligne collatérale, quant aux meubles et acquêts, non quant aux propres. Les ascendans ne peuvent

---

(1) Paris , 300-307. Etampes , 109-112. Dourdan , 106-108. Monfort, 93-97. Mante , 152-161. 162. Senlis , 160. 161. 217. Clermont-en-Beauvaisis, 129. 137. 145. suiv. Calais , 52. 53. 93-99. Laon, 88-98. Vitry, 73. 99. 100. Troyes , 142. 143. 142. Chaumont, 85. Sens , 72. 73. Bar , 99. 100. 133. 131. 138. 165. Bassigny, 141. 142. 152-156. Meaux , 11-12. 26. 33. Melun , 249. 274. 276. Orléans , 273. 286. 288. Montargis XI, 2. 9. XII, 2. XIII, 3. XV, 1. 20. Chartres, 92. 100. Dreux , 91. Chateauneuf , 114. 123. 127. Auxerre , 229. 230. 244. 250. Nivernais XXVII, 7. suiv. XXXIII, 11. XXXIV, 20.

avantager leurs enfans et descendans au préjudice les uns des autres par dispositions entre vifs. La coutume du duché de Bourgogne dit simplement qu'on ne peut être héritier et légataire ensemble sans s'expliquer sur les donations entre vifs. La coutume du comté de Bourgogne est muette.

D'autres coutumes suivent un système fort différent; mais, si elles permettent d'avantager un héritier, ce n'est que pour diminuer l'inégalité prodigieuse que la coutume met entre la condition de l'aîné et celle des puînés. Elles interdisent tant en ligne directe qu'en ligne collatérale, de rien donner à l'héritier principal autrement qu'en avancement d'hoirie; et celles de ces coutumes qui n'admettent pas régulièrement le droit d'aînesse entre roturiers, ne veulent pas que ceux-ci puissent faire la condition d'un de leurs enfans ou autres héritiers meilleure ou pire que celle des autres. Ainsi les coutumes de Touraine (233-235. 248, 249. 302, 304, 309), de Loudunois (XXV, 112 XXVI, 2 XXIX, 7, 12), du Maine (268, 278, 333-349), d'Anjou (260, 320-338) et de Bretagne (199, 203, 217, 596) ne permettent d'avantager que les puînés entre nobles; et les coutumes de Ponthieu (20, 24, 25, 61), Boulenois (91, 92), Artois (79, 148) et la coutume locale de Caux (cout. de Normandie, art. 279 suiv.) permettent d'avantager les puînés sans distinction entre nobles et roturiers. Il y a d'ailleurs diversité entre ces coutumes quant au mode et à la qualité de l'avantage permis en faveur de l'un des puînés ou de tous.

Un troisième système est celui des coutumes qui permettent d'avantager un héritier au préjudice de l'autre, sans distinction entre aînés et puînés. La coutume de Normandie (424, 425, 431, 434) le permet par testament pour meubles et en ligne collatérale seulement; celle de la Saintonge (87, 88), tant en ligne directe que collatérale, pour les meubles, les acquêts et un tiers des propres; celle d'Angoumois (4-96, 115), entre vifs, pour la même quotité, et par testament, pour les meubles et acquêts seulement, à l'exclusion

des propres ; celle de La Rochelle (42) , interdit expressément d'avantager un héritier en propres. Sous les coutumes d'Auvergne (XII, 46) et de la Haute-Marche (212, 252),
le prélegs permis en faveur d'un héritier peut aller jusqu'à
la quotité disponible en faveur des étrangers. La coutume
de Berry(XIX, 42) dispense du rapport les donations faites
par préciput même en ligne directe; il en est de même de
la coutume de Reims (233, 287, 288, 302, 317, 320, 324),
qui permet aussi de léguer hors pars à un héritier les meubles et les acquêts. La coutume de Péronne (107, 169, 205)
permet en termes généraux de donner et de léguer aux héritiers par préciput. Sous celle d'Amiens (91, 92), les enfans
venant à succession se doivent le rapport de ce qu'ils ont
reçu en mariage , si ce n'est qu'ils aient tous été mariés.
Dans ce cas ils sont dispensés du rapport , encore que l'un
eût reçu beaucoup plus en mariage que l'autre.

HENRI KLIMRATH.

(NÉCROLOGIE.)

A peine Henri Klimrath avait-il terminé son bel et immense travail sur *les Dispositions des coutumes* , qu'une maladie cruelle est venue le ravir à la science dont il était l'espoir, à sa famille dont il était l'orgueil, à ses amis qui chérissaient en lui l'homme affable, dévoué, aux mœurs douces et pures, au plus noble caractère, autant qu'ils admiraient la vigueur de son talent et l'étendue de ses vastes connaissances.

Les lecteurs de notre *Revue* ont eu plus d'une fois l'occasion de juger les œuvres de notre malheureux ami, et sa dernière production, base d'un des ouvrages les plus utiles que réclame la science du droit, attesterait seule, au besoin, combien le jeune et modeste savant avait scruté tous les mystères de notre législation nationale et su éclaircir les points les plus difficiles, les plus obscurs.

Klimrath réunissait en lui toutes les qualités que demande l'entreprise gigantesque de reconstituer, d'une manière complète, un passé si peu, si mal connu jusqu'ici. Convaincu que, sans l'alliance de l'histoire et de la philosophie, le légiste ne peut marcher d'un pas sûr, ni reconnaitre le véritable caractère des institutions, il s'était de bonne heure livré à de fortes études historiques et philosophiques. Les théories les plus abstraites, les moins compréhensibles, n'avaient pas de mystères pour lui, et son jugement sain et droit, son esprit positif et tout français, savait amener à des termes précis les déductions parfois nébuleuses des savans de l'Allemagne. Dans ces derniers temps il avait consacré une étude toute particulière à *la Philosophie du droit d'après le point de vue historique*, nouvelle production de M. *Stahl*, professeur à l'université de Wurtzbourg. Ce livre est, comme nous l'avons déjà dit ailleurs, un des plus remarquables qu'ait produits l'Allemagne; il est l'expression du mouvement religieux des esprits, du retour vers le christianisme, tendance bien marquée de ces derniers temps. Klimrath en a donné, dans plusieurs articles qui ont paru successivement dans la *Revue Germanique*, un résumé substantiel, où la pensée du philosophe allemand se trouve condensée avec beaucoup de méthode et un rare bonheur.

Ses études historiques étaient aussi bien dirigées que consciencieusement approfondies; il marchait sous la bannière de cette école aux vues larges et impartiales, qui compte avec orgueil pour ses chefs les Guizot, les Thierry.

Les travaux de droit que nous devons à Klimrath, sont importans et nombreux. Notre *Revue*, la *Revue étrangère*, la *Revue Germanique*, l'ancienne *Revue du progrès social*, le *Kritisches zeitschrift* que publient à Heidelberg MM. *Mittermaïer et Zachariä*, le comptaient au nombre de leurs plus actifs collaborateurs. Il a publié en outre deux mémoires sur les *Monumens inédits du droit français* et sur les *Olim*, et la thèse de docteur qu'il soutint à Strasbourg, aux applaudissemens de toute la Faculté, contient des aperçus aussi neufs que lumineux sur l'étude du droit national. Sa vocation était dès-lors décidée, sa vie avait un but, chaque jour qui s'écoulait, grâce à sa laborieuse activité, l'en approchait davantage ; pourquoi la mort, en enlevant à la science un de ses plus dignes interprètes, ne lui a-t-elle pas permis de l'atteindre ?

Tout était préparé pour son *Histoire du droit français*. Ceux auxquels il sera permis comme à nous de parcourir ces nombreux cahiers de notes, d'extraits, de citations, classés avec ordre et méthode, comprendront que tout le squelette d'un manifique ouvrage est là ; mais qui lui donnera la vie ? qui retrouvera la clef de ces immenses recherches ? Ah ! la mort a dû être bien amère à Klimrath ; et quand on le voyait porter souvent la main à son front, c'est qu'il sentait là, comme un foyer de lumières qui allait s'éteindre avec lui ; c'est qu'il gémissait de dire adieu à de si nobles espérances, de quitter la vie au moment où, par de longues veilles, il avait amassé un trésor de solides connaissances, et qu'il ne lui restait plus qu'à communiquer au monde l'œuvre toute formulée dans sa pensée.

Nous avons déjà exprimé l'espoir qu'un si noble dévouement pour la science serait récompensé. Klimrath, avec son infatigable activité, a restitué complétement plusieurs monumens de l'ancien droit français de la plus haute importance, entre autres le *livre de justice et de plet*. Il avait l'intention de les publier, de mettre ainsi à la portée de tous, les sources les plus abondantes d'une si belle étude.

Les manuscrits sont prêts, et M. le ministre de l'instruction publique ne saurait faire un plus bel usage des fonds qui lui sont confiés pour encourager les savans, qu'en consacrant une somme, d'ailleurs peu considérable, à la publication de ces précieux documens. Ceux qui se dévouent à la science sauraient alors que si le sort ne leur permet pas de mettre au jour le fruit de leur consciencieux labeur, ils ne mourront pas tout entiers et le pays ne verrait pas descendre dans la même tombe, et l'espoir de tant d'œuvres projetées, et le résultat de tant d'œuvres accomplies.

Quant à nous, nous recueillerons religieusement les quelques chapitres déjà terminés, du travail de Henri Klimrath ; notre *Revue* se fera un devoir et un honneur de les porter à la connaissance des jurisconsultes.

Henri Klimrath comptait à peine trente ans, le 31 août, jour de sa mort ; quand on songe à ce qu'il avait déjà fait, si jeune, on se prend à penser s'il n'est pas un certain terme imposé à l'humaine faiblesse, et si la vie ne se mesure pas plutôt par ce qu'il nous est permis d'accomplir, que par le nombre des années.

L. WOLOWSKI,

Avocat à la Cour royale de Paris,
Directeur de la *Revue de législation
et de jurisprudence*.

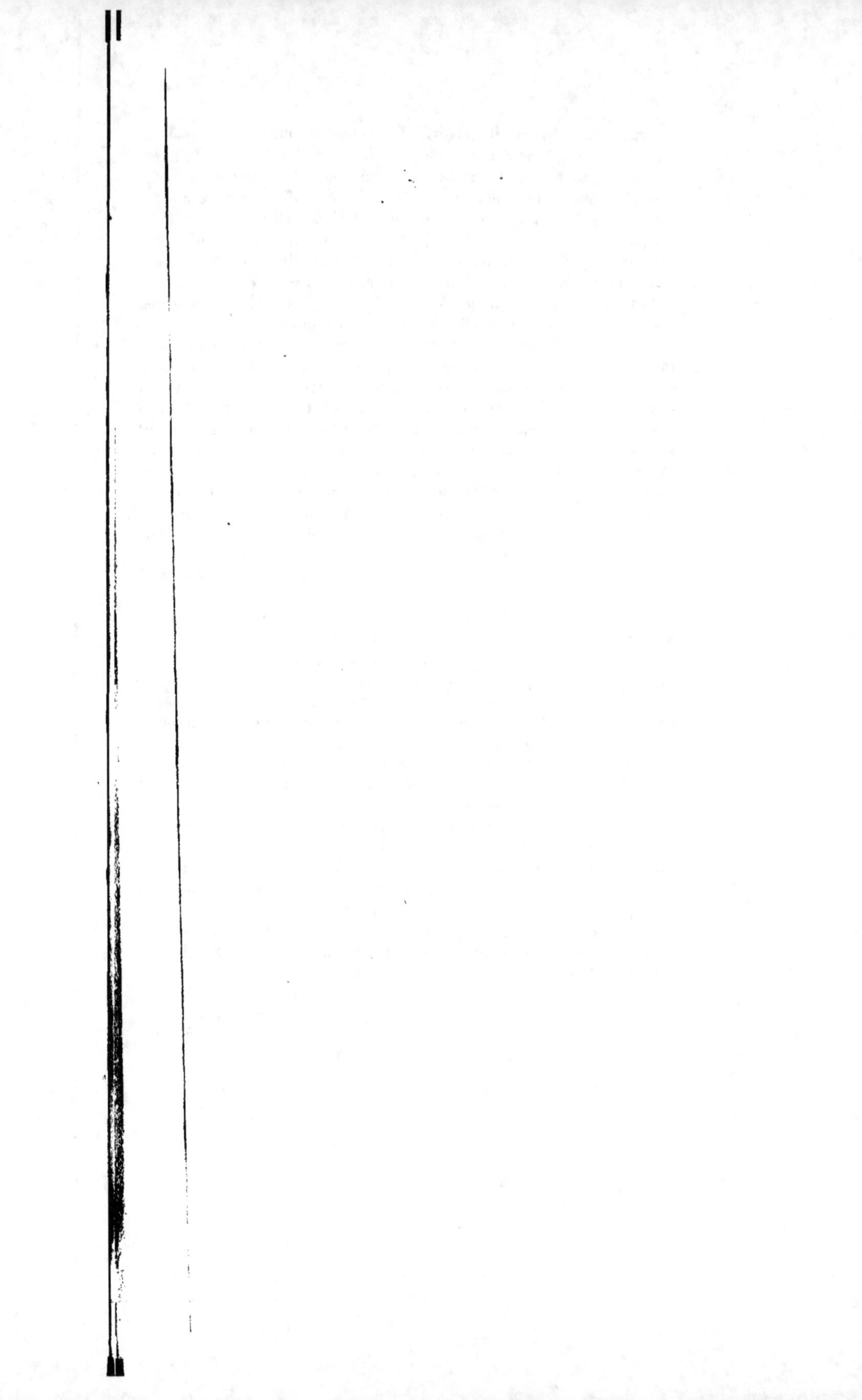

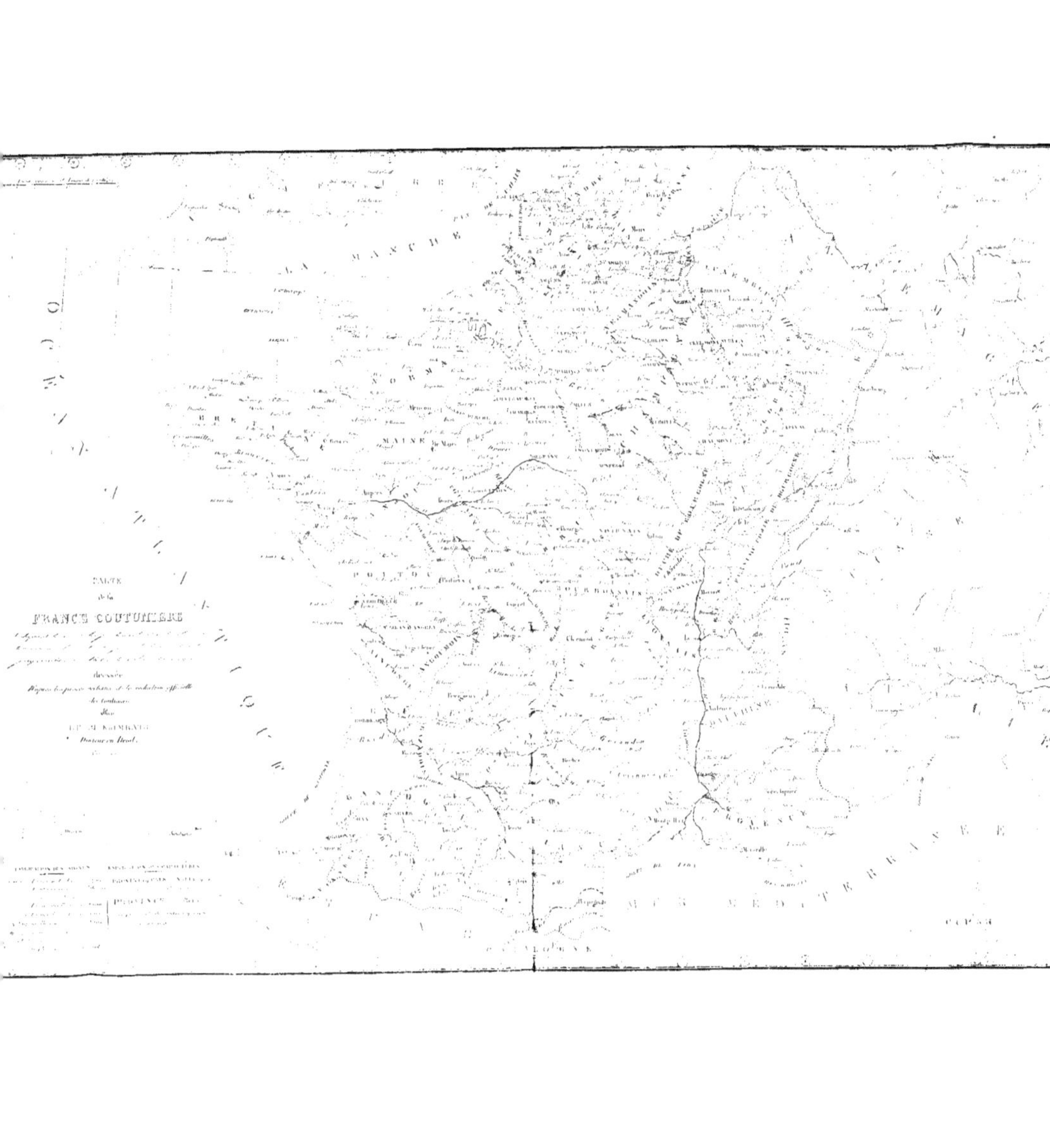
CARTE
de la
FRANCE COUTUMIERE
dressée
Dressée
LA MANCHE
OCÉAN
BRETAGNE
NORMANDIE
MAINE
ANJOU
POITOU
BOURBONNAIS
DAUPHINÉ
PROVENCE
MER MÉDITERRANÉE
CORSE

www.ingramcontent.com/pod-product-compliance
Lightning Source LLC
LaVergne TN
LVHW012248170726
843503LV00002B/465